AI VR

人工知能×仮想現実の衝撃

～第４次産業革命からシンギュラリティまで～

雑賀 美明 著

マルジュ社

はじめに

最初に申し上げておきますが、私はエンジニアではなくシリアルアントレプレナー（連続起業家）であり経営者です。

ですから本書でお話しするのは人工知能（ＡＩ）やバーチャルリアリティ（ＶＲ）の技術的なことや科学的な構造などではありません。

あくまでも、人工知能やバーチャルリアリティの現状や未来、そしてそれらをどうビジネスに活かすか、どこにビジネスチャンスがあるかというお話をさせていただきます。

コンセプトは、テクノロジー×イノベーション×ビジネスです。

私にはモットーがあります。「難しいことをやさしく、やさしいことを面白く、面白いことを深く」。本質が見えるように、できるだけ分かりやすく、さらに面白くお伝えしていければと思います。

なぜ私が本書を著したのか、その理由をお話しします。大きな理由は3つあります。

1つ目は、これから人類史上最大のパラダイムシフトが起こるということを知っていただきたかったからです。産業構造が根本的に変わりますが、これは大きなビジネスチャンスができるということを意味します。

後ほど詳しくご説明しますが、石炭、蒸気などイギリスを中心とした第1次産業革命、石油、電気、飛行機、車といったアメリカを中心とした第2次産業革命、パソコンやインターネットによる第3次産業革命に続いて、現在、第4次産業革命が起きています。第4次産業革命についてはこれから起きるのではなく、ほとんどの方は実感されていないと思いますが、今起きているという現在進行形です。

実はこの第4次産業革命も、これから起こる人類が経験したことのないパラダイムシフトに比べれば序章に過ぎません。

昨日まで当然と思われていたことが、明日には間違った認識になります。価値観がガラリと変わりますし、ビジネスモデルにも極めて大きな変化をもたらします。今まで稼げていたスキームが、全く利益を生まなくなるということもあります。

つまり極めて大きな変換期を迎えているわけですが、経営者も個人も多くの方がそのことに気づいていません。今まで稼いでいたビジネスをそのまま続けようとしています。これは非常に危機的状況と考え、本書を著すことにしました。


2つ目は、このままでは日本は滅んでしまうという危惧があるからです。これは、何も危機感を煽ろうとして言っているのではありません。

2053年前後に、日本の人口は1億人を割り込むと予測されています。人口が減る国に未来はありません。また、その国の労働人口が経済力に比例しますが、ご存知のように日本はかつて歴史上例を見ないほどの少子高齢化社会になりました。これは、今後も確実に進み、超少子超高齢化社会になります。日本の平均寿命が90歳になるという予測さえあります。

現在65歳以上を高齢者、75歳以上を後期高齢者と呼んでいますが、今後65歳以上を准高齢者、75歳以上を高齢者と呼んではという議論も行われています。年金の問題がありますから、当然と言えば当然の流れだと思います。

２０２５年問題というのもあります。団塊の世代が後期高齢者に達する年です。２０２５年以降は２２００万人、５人に１人、人口の20％が75歳以上という超高齢化社会が到来します。これまで日本を支えてきた団塊の世代が色々な給付を受ける側に回るため、医療、介護、福祉サービスなどへの需要が高まり、社会保障財政のバランスが崩れるとも指摘されています。また、言うまでもなく労働人口は減っていってしまいます。

さらに日本は今ＧＤＰでは世界第３位ですが、１人当たりのＧＤＰはなんと世界第26位です。人口は世界第11位ですので、１人当たりのＧＤＰの順位は低いと言わざるを得ません。今の状態が進んでいけば、ＧＤＰも１人当たりのＧＤＰも間違いなく順位が下がると予想されます。

悲観的なことばかりお話ししていますが、では日本はこのまま滅んでいくのでしょうか？

滅亡を回避するためには、労働人口を増やさなければいけません。しかし、今の日本は若者の貧困が進み「結婚は贅沢」という人もいるぐらいですから、難しいものがあります。海外の労働力、つまり移民を招くというのも現状を考えれば現実的ではありません。

そこで唯一の可能性を託されるのが、人工知能やロボットです。これらに、労働をさせることで労働力を増やそうというわけです。

ここで大きな問題が発生します。人工知能が進化すれば、どんな職業の代わりもできるようになります。ということは、人工知能の開発元のような立場になれば、今までは考えられなかったような巨万の富を生むことができるわけです。しかし、そうでない人はどんどん仕事がなくなっていきます。タクシーの運転手もお弁当屋さんも学校の先生も、全て人工知能にとって代わられます。人間の知能を超える人工知能、シンギュラリティ（技術的特異点）が起こると、働かなくても良い時代が来るというユートピアの世界を語る学者もいますが、それが実現するかどうかは別にしても、シンギュラリティの前に起こるプレ・シンギュラリティ（前特異点・社会的特異点）が現実のものになれば今以上に格差は広がると思います。

現在は同じ年齢の人の年収格差が１００倍ぐらいと言われていますが、将来的には１０００倍に広がるのではないかと推測されています。

これを分けるのは人工知能を活用する側か、そうでないかです。本書を通して経営者や個人とか関係なく、是非活用する側に回っていただきたいと思います。

『進化論』の提唱者で、自然科学者のチャールズ・ロバート・ダーウィンの有名な言葉に次のようなものがあります。

最も強い者が生き残るのではなく、

最も賢い者が生き延びるのでもない。

唯一生き残るのは、変化できる者である。

私は、特にこれからの時代は、これにもう1つ付け加えるべきだと思います。

それは「先回りできる人間だけが生き残れる」ということです。過去に例を見ない変革期が訪れるわけですから、先回りできない人は大変なことになります。「タクシーの運転手をやれば、飯が食える」という現在の常識から、「タクシー運転手という職業がなくなる」ということが常識になるわけです。「学校を出たら仕事をして給料をもらって生活する」ということが当たり前と思っている人が、「人間がやる仕事がない時代」を何の用意もなく迎えてしまえば、どうなるでしょうか？　言うまでもなく無残な状況になってしまいます。

ですから、先回りできない人は大変なことになるわけです。「あと20年で今の仕事はほぼ半減する」「これから消える職業が多くなる」「人工知能を活用する側に回らないと大変なことになる」ということを知っておいて、そういう事態になることを前もって「張って」いなければならないのです。

ではどうすればいいのかということも、本書で書いておきました。

3つ目は、これからはスケールの大きなビジョンや志を持つべき時代だということを知っていただきたかったからです。

残念ながら、日本では大企業の仕組み上、仕方ないことではありますが、業務は細分化され、部署毎の役割分担もより明確化しているため、1人ひとりが担っている仕事の内容はどんどん小さくなっていると言わざるを得ません。これは効率の最適化を求めた結果ですが、違う観点から見ると、人工知能やロボットに今の仕事を簡単に置き換えられる可能性が高いとも言えます。

また、日本は首都東京でさえ他の先進国の大都市に比べ、起業家率が圧倒的に低く、世界に通用するベンチャー企業が輩出されにくい状態にあります。しかし、今の時代は、例えば起業する人が「3年で売上10億円」という小さなビジョンを持つのではなく、「5年で企業価値1000億円」という大きなビジョンを持つべき時代なのです。それだけのポテンシャルが、これからの時代にはあるのです。

ただ、それは私1人では到底対応できません。私に賛同していただいた方とビジネスパートナーシップを組み、一緒に成し遂げていきたいということも本書の狙いの1つです。


さて、「イノベーション」という言葉と「リノベーション」という言葉があります。通常、これは同じような意味合いで使われますが、実は全く違います。

「リノベーション」はお客様にアンケートをしたりグループディスカッションをしたりしてもらって、その声を参考にして新たなサービスや商品を開発するものです。言ってみれば、既存のもののマイナーチェンジです。

しかし、「イノベーション」はお客様の声などを聞いてやるものではありません。一般の人が思いもよらないものを開発するのが「イノベーション」なのです。例えば最初に作った飛行機やコンピュータなどです。

私は今の日本は「イノベーション」が生まれにくい状況だと思っています。その理由としては独創性を生む教育環境がないこと、そして物が揃いすぎていて満足してしまっていることなどが挙げられます。

しかし、繰り返しますが人類史上最大のパラダイムシフトが起きれば、どんどん「イノベーション」が生まれます。そしてあなたも「イノベーション」を生む側の人間になれるということをこの本書を通じて知っていただきたいと思います。

これら3つが本書を著そうとした大きな理由です。

私は10社の会社を経営していましたが、おかげさまで8社の会社はそれぞれをパートナーに任せ、数年間セミリタイア生活をしていました。しかし、その間にも気になっていることがありました。それは「インターネットの次に来るものは何か」と、「スマホの次に来るものは何か」ということです。ここ何年間でも様々なキーワードやパスワードが出現しましたが、今確信していることがあります。それはインターネットの次はAI（Artificial intelligence・人工知能）で、スマホの次はVR（Virtual

Reality・仮想現実)、ＡＲ(Augmented Reality・拡張現実)、ＭＲ(Mixed Reality・複合現実)という確かな潮流です。(後ほど詳しくご説明します)私はアメリカに行った際、シリコンバレーで人工知能やバーチャルリアリティ、そしてシンギュラリティ(技術的特異点)というエポックメイキングに出会い、私の起業家魂がむらむらと湧き上がってきました。

直感的に、「これは、時代が大きく変わる」と思ったことを今でも覚えています。そうなると、昔から私は止まりません。様々な人工知能やバーチャルリアリティに関する国内外のセミナーやイベント、シンポジウム、パーティに参加しました。２０１６年だけでも２００回以上出席しました。分厚い専門書を何冊も読破しました。今までに投じたお金は５０００万円を下らないでしょう。

おかげで、かなりの知識を吸収することができ、相当な数の人脈も生まれました。それ以上に「ＡＩ×ＶＲ(人工知能×仮想現実)＝ビジネスに活かす」という着眼点にたどり着くことができました。ちなみにその後に設立したＡＲシステム株式会社の社名の由来は、ＡＲ(Augmented Reality・拡張現実)ではなく、ＡＩ×ＶＲを組み合わせてＡＲという意味が込められています。

この「AI×VR＝ビジネスに活かす」という視点が物珍しかったのか、ニーズがあったのか、自分でも驚くようなところからも講演依頼が来るようになりました。企業はもとより、行政、経営者の交流会、弁護士の集まり、税理士法人……。

ありがたいことに講演会はいつも盛況で、参加者も一般の個人の方から大企業や大手マスコミの役員、管理職、経営者、起業家など幅広く私の話を聞いていただいています。

私が現在やっている一番大きな仕事は、AI×VRを通したマッチングビジネスです。

ここで重要なことをお話ししますが、どんな業種であってもAI×VRは力を発揮しますし、売り上げ増大や他社との差別化を図ることができます。もっと言えばAI×VRをどんなビジネスであっても組み込まなければ未来はないと言っていいでしょう。

ですから、会社を発展させるためにAI×VRを活用しようと思っている方と、私が信頼する日本トップクラスのエンジニアさんやクリエイターさんをマッチングさせ、様々なアイデアやビジネスモデルなどをご提案し、ビジネスに活かしていただいています。

他にもやっていることがあります。実際のＶＲというのは後ほどしっかりご説明しますが、これは体験していただかないと残念ながら全く分かりません。実際に見て体験していただかないと本当のところは分かりませんので、ＶＲの体験会イベントを２０１６年3月から続けています。おかげさまで、こちらも毎回多くの方に参加していただいています。

また、２０１６年の10月からは『東京ウォーカー』（ＫＡＤＯＫＡＷＡ）で、ＶＲ・ＡＲ・ＭＲに関する記事の連載をしています。

さて、人工知能やバーチャルリアリティといったキーワードがあらゆるところで氾濫するようになりました。何かもう、訳が分からなくなったという人もいるのではないでしょうか？

２０１６年になって、まず安倍首相が、詳しくは後ほどお話ししますが、「第４次産業革命」や「Society5.0」ということを言い出しました。

またソフトバンクの孫正義社長もシンギュラリティという言葉を頻繁に発するようになりました。ご覧になった方もいるかもしれませんが、２０１７年3月期の第２四半期の決算説明会の模様を映したソフトバンクの動画を見ると、シンギュラリティという言葉を盛んに使われています。マスコミの方々は国内の通信事業や電力事業などについて質問をしていますが、それは孫社長にとっては退屈だったのではないでしょうか。「もっと、シンギュラリティの話を聞いて欲しい」といった雰囲気を私は感じました。

その孫社長ですが、グローバルにテクノロジー分野へ出資することを目的とした約10兆円規模となるソフトバンク・ビジョン・ファンドの設立など、そういった攻めの姿勢を見ていると明らかに彼は別格だと思います。10兆円の内訳ですが、ソフトバンクが2・5兆円、サウジアラビアが4・5兆円、残りを他の中東の国が出資するそうです。２０１６年12月6日、孫社長はニューヨークのトランプタワーでトランプ大統領と会い、米国のスタートアップ企業などに約5兆７０００億円を投資し、5万人の新規雇用を生み出すと約束しました。

私は経営者には2通りあると思っています。1つは、大企業にありがちな企業家タイプ。もう1つが、起業家タイプです。よく見ると「企」と「起」という漢字はよくできていて、「企」は傘の下に止まっていると書きます。一方の「起」は己が走ると書きます。孫社長は日本を代表する大企業の経営者でありながら、「起業家」タイプのイメージがあるから魅力的で人気があるのだと思います。

ところで、あなたはスタートアップという言葉を聞いたことがありますか？　よくベンチャー企業と同じように使われたりしていますが、それは間違いです。ベンチャー企業は、新しい会社であれば皆ベンチャー企業です。

しかし、スタートアップは新しいだけではそう呼ばれません。アメリカのサンフランシスコでブランディング・コンサルタントとして活躍しているｂｔｒａｘのＣＥＯのブランドン・ヒル氏は、スタートアップのことを「新しいビジネスモデルを開発し、ごく短時間のうちに急激な成長とエクジットを狙うことで一攫千金を狙う人々の一時的な集合体」と定義付けています。日本でのいわゆるベンチャー企業のほとんどは、スタートアップというよりスモールビジネス（中小企業）に近く、日本で純粋な意味での「スタートアップ」は残念ながら非常に少ないと思います。

スタートアップの中でも特に急成長した会社を「ユニコーン企業」と呼びます。その定義は「非上場のスタートアップ、企業としての評価額が10億ドル（約1100億円）を超える」というものです。ユニコーン企業は、現在世界中で200社近くありますが、そのほとんどはアメリカで、日本ではこれも残念なことに、今のところDMM.comとメルカリの2社だけです。

これも先ほどお話ししました、日本ではイノベーションが起こりにくいということが起因しています。私は、日本でも多くのイノベーションが起きることを応援していきたいと思っています。

少し脱線しましたが、では「AI×VR＝ビジネスに活かす」についてしっかりお話ししていきます。この切り口の書籍は、今までなかったのではないでしょうか。

今、かつて人類が体験したことのない時代に突入しようとしています。このことに乗ることができるか、乗り遅れるか、あなたの人生に大きな影響を与えるかもしれません。

２０１５年は、「ＡＩ元年」「ＩｏＴ元年」と言われました。
２０１６年は、「ＶＲ元年」「フィンテック元年」と騒がれました。

いよいよこれから、「ＡＩ×ＶＲ」の時代が本格的に始動します。
あなただけは絶対に乗り遅れないでください。

尚、本書は２０１７年４月に刊行されました。できる限り普遍的な内容とすることを心がけましたが、テクノロジーやイノベーション、ビジネスチャンスというテーマのため、一部状況が執筆時と異なっている可能性がございます。執筆時点において入手可能な情報に基づく将来に関する見通しであり、様々な不確実性も内在しています。その点はご容赦いただければ幸いです。

【人工知能×仮想現実の衝撃＊目次】

第1章

第4次産業革命、Society5.0とは何か？

世界の現状と8年周期説

ここのところ世界では「8年周期」ということが起こっています。どういうことかと言いますと、例えばＧｏｏｇｌｅは１９９６年に、Ｇｏｏｇｌｅの原型となるバックリンク（被リンク）を分析する検索エンジン「ＢａｃｋＲｕｂ（バックラブ）」が開発されたのがそのスタートです。当時スタンフォード大学に在籍していたラリー・ペイジとセルゲイ・ブリンによって開発されました。２人の大学生が世界的な大企業を作ったのは有名な話です。そのＧｏｏｇｌｅですが、８年後の２００４年にＮＡＳＤＡＱ市場に上場しました。

その２００４年にマーク・ザッカーバーグが創業したのがＦａｃｅｂｏｏｋです。そのＦａｃｅｂｏｏｋも８年後の２０１２年に、ＮＡＳＤＡＱ市場に上場しています。２００８年にブライアン・チェスキーとジョー・ゲビアにより創業されたＡｉｒｂｎｂ、２００９年にトラビス・カラニックとギャレット・キャンプにより創業されたＵｂｅｒですが、それが今８年位経って超巨大企業になっています。ですから２０１６

年～２０１７年あたりにできたＡＩやＶＲの会社が８年後には超大手になっている可能性がかなり高いと思います。８年後ですから２０２５年あたりですが、そのころには相当大きな変革があると予測されています。

なお、スタートアップの領域は３つあります。

１つ目は、無駄がなく効率的で迅速に改良を続け、成功に近づけるリーンスタートアップ。

２つ目は、技術的な挑戦があり、長期の開発が必要なアンチ・リーンスタートアップ。

そして３つ目が、ＳｐａｃｅＸや２３ａｎｄＭｅなど、１９６０年代の月面着陸ぐらい難しく、何が可能かを再定義するような事業を目指すムーンショットです。

そういったことを踏まえて、まずは「第４次産業革命、Society5.0とは何か？」というところからお話をさせていただきます。

ビフォアーオリンピックとアフターオリンピック

その前に、日本が今置かれている状況を少しお話しさせていただきます。

伊藤穣一氏という方をご存知でしょうか？　マサチューセッツ工科大学の教授であり、ＭＩＴラボの所長をされている方です。またベンチャーキャピタリストとしても活躍されています。

その伊藤氏ですが、ＴＥＤという色々な分野の人が様々なプレゼンテーションをする場で、興味深いお話をされています。

インターネット以前の世界（ＢＩ・Before Internet）とインターネット以降の世界は（ＡＩ・After Internet）はガラリと変わったということです。それは、「原始社会と文明社会ぐらいの差であったが、人工知能ができればそれ以上の社会の変革になるだろう」と言われています。原始社会と文明社会以上に変化するということですが、凄いことだと思いませんか？

その大きな変化の第1歩が２０２０年辺りまでにやってきます。詳しくは次項でお話ししますが、この3年でかなりの変化が起こるはずです。特に日本はその年にオリンピックを迎えます。過去の歴史を振り返ってみてもオリンピック前、ビフォアーオリンピック（ＢＯ・Before Olympic）は、それでなくても景気が良くなります。リオデジャネイロもロンドンも前回の東京オリンピックの時もそうでした。新幹線が開通したり首都高が完成したり、ホテルニューオータニ、東京プリンスホテルなどの近代的な大型ホテルが開業したりと、日本の社会も様変わりしました。

オリンピックが終わった後、アフターオリンピック（ＡＯ・After Olympic）は、景気が落ち込むでしょう。今高騰を続けている不動産ですが、オリンピックが終わればかなりの落ち込みが予測されています。2分の1、3分の1、物件によっては10分の1にまで下がるものもあると言われています。

今世界では「現在チャンスがあるのはアメリカだ」、「いや東南アジアだ」、「これからはアフリカの時代だ」など、色々と言われています。しかし、今という時代に限って言えば日本、それも東京が最もチャンスが転がっているところと言っていいでしょう。

もう2020年まで、自分の人生をかけて取り組んだ方が良いかと思います。こんなチャンス、2度とお目にかかれないかもしれませんから。

本当に、チャンスだらけの時代です。

日本が優れているところは、カネ、ヒト、技術が揃っているところでしょう。3つがこれほどしっかりしている国はそうそうありません。

まずカネですが、なんだかんだと言っても日本には結構あります。個人の金融資産は1800兆円、上場企業上位45社の内部留保が550兆円、合わせると2300兆円を超えます。安倍政権になってトータルで500兆円以上増えましたが、これからまだまだ伸びるでしょう。

次にヒトですが、これからの時代どのような人が求められているのでしょうか？従来は、例えば就職の面接でも「広い知識に加え、1点だけ深い知識を持つ人」が高い評価をされていました。いわゆるT字型人間です。常識やビジネスマナーなどがしっかりした上で、一芸に秀でている人のことです。しかしこれからの時代は違います。広い知識や常識などはなくても、1つのことには誰にも負けない知識を持っている人です。つまり、オタクです。今は１００人のエリートよりも１人のオタクが力を発揮する時代になったのです。ゼネラリストよりスペシャリストが求められています。

オタクといえば日本です。しかし、残念なことに日本ではまだ１人ひとり優秀なオタクをビジネスに活かしきれていない面があります。会社組織の在り方にも問題があると思います。オタクを発掘し優遇するような姿勢が必要なのですが、どうもそうは見受けられません。通り一遍のことを知っていても、今は何の意味もない時代であることを多くの会社に知っていただきたいと思います。「本質」を極めようとする人材をどんどん登用していって欲しいものです。そうすれば、日本の「ヒト」はもっと力を発揮するようになります。

あと、やはり教育の問題も大きいです。堀江貴文氏も、「義務教育なんかいらない」と言っていますが、私も同感です。小学校に入ると１＋１が2とか、とにかく枠にはめようとします。独創性を殺してしまうような教育が本当に多いのが現状です。

最後に技術ですが、日本の物づくりの力は世界が認めるところです。高度な技術力と成熟したインフラは、どこにも負けないと言っていいでしょう。

しかし、日本はもっと技術開発において技術力と共に「未踏性」をテーマにやっていくべきです。つまり、まだ誰も足を踏み入れたことのない領域を視野に入れて開発していって欲しいと思っています。

第4次産業革命、Society5.0

非常に分かりづらいのですが、第４次産業革命はSociety5.0なのです。なぜ第４次なのに5なのかというのがやはり政府や役所が考えることなので非常に分かりにくくなっています。

今、４番目の産業革命＝第４次産業革命が起きています。「起こる」のではなくて「起きていますよ」ということです。

先にも簡単にご説明しましたが、１番目の産業革命は何かと言いますと、石炭とか蒸気機関によるエネルギー革命です。これはイギリスが中心でした。

2番目は石油の発見や、エジソンが電球や電力システムを発明、そして自動車、飛行機、家電製品なども含めて様々なものが生まれた時代です。こちらはアメリカ主導でした。20世紀のイノベーションが起きた時代です。

３番目がパソコンやインターネットの登場による産業革命です。日本では１９９５年がインターネット元年と言われていますが、今から20年以上前のことです。
まとめますと、第１次産業革命は蒸気機関などの動力を獲得した革命、第２次産業革命は電力・モーターなどにより動力が革新した革命、第３次産業革命はコンピュータによりインターネットが定着した時代です。

それ以上の革命が、現在すでに起こっています。それが第４次産業革命です。第４次産業革命とは、ＡＩ（Artificial Intelligence・人工知能）やＶＲ（Virtual Reality・仮想現実）、ＡＲ（Augmented Reality・拡張現実）、スマートロボット、ビッグデータ、ＩｏＴ（Internet of Things）、フィンテック（FinTech・ファイナンス＋テクノロジー）、自動運転、ドローン、オムニチャネル、デジタルトランスフォーメーション、５Ｇ（第５世代移動通信方式）、匿名加工情報、シェアリングエコノミー（共有経済）などの進化し続けるテクノロジーがもたらすイノベーションのことです。第４次産業革命は大容量の情報を元に人工知能が自ら考えて最適な行動を取り、自律的な最適化が可能になる革命なのです。

その先にあるのがプレ・シンギュラリティ（前特異点・社会的特異点）であり、シンギュラリティ（技術的特異点）になります。シンギュラリティとは、人類が人工知能と融合し、超人工知能（ＡＳＩ・Artificial Super Intelligence）により人類の進化が特異点（成長曲線が無限大になる点）に到達するという未来予測であり、プレ・シンギュラリティとは、その前段階での汎用人工知能（ＡＧＩ・Artificial General Intelligence）の完成により、人間の知能増幅（ＩＡ・Intelligence Amplifier）が可能となった時に起こるとされる社会構造の変革をもたらす特異点のことです。これは人類史上最大のパラダイムシフトと言いましたが、決して大袈裟ではありません。

シンギュラリティという言葉は徐々にではありますが浸透してきました。こちらに関しましては後ほど詳しくご説明しますが、「人工知能が人類の知性を超える」と定義づけられています。いよいよ人間の知能を超えるプレ・シンギュラリティが２０２９年に起こるだろうと言われているのです。そしてシンギュラリティが２０４５年に起こるのではと予測されています。これにより産業革命の歴史は終わる、つまり第５次産業革命は起こらないとも言われています。それほど、シンギュラリティは人間社会において重大な意味を持つのです。

ここでテクノロジーの進化の特徴についてお話ししておきます。

２０１６年９月に、人工知能研究の世界的権威でフューチャリストとしても有名なレイ・カーツワイル氏が来日され、講演会を開催されました。現在はＧｏｏｇｌｅでＡＩ開発の総指揮を取られており、代表的な発明にフラットベッド・スキャナーやＫｕｒｚｗｅｉｌブランドのシンセサイザー「Ｋ２５０」などがあります。この方は、今世界でもシンギュラリティを一番提唱している方ですので、もちろん講演を聞きに行きました。

レイ・カーツワイル氏は、もう10年以上も前の２００５年に刊行された書籍『ポスト・ヒューマン誕生』（原題：『THE SINGULARITY IS NEAR—WHEN HUMANSTRANSCEND BIOLOGY　２００７年ＮＨＫ出版刊』、２０１６年に『シンギュラリティは近い—人類が生命を超越するとき』というタイトルでＮＨＫ出版よりエッセンス版が発刊）の第1章で、「進化の6つのエポック」として進化の段階を表されています。エッセンス版『シンギュラリティは近い—人類が生命を超越するとき』から引用させていただくと、まず進化とは増大する秩序のパターンを作りだすプロセスのことだと言われています。「進化の6つのエポック」とは、「進化は間接的に作用し、ある能力が生みだされ、その能力を用いて次の段階へと発展する」、とのことです。レイ・カーツワイル氏が考える進化の段階は左記の通りです。

エポック1：物理と化学（原子構造の情報）　DNAの進化

↓

エポック2：生命（DNAの情報）　脳の進化

↓

エポック3：脳（ニューラル・パターンの情報）　テクノロジーの進化

↓

エポック4：テクノロジー（ハードウェアとソフトウェアの設計情報）　テクノロジーが生命のあり方を支配する（人間の知能も含む）

↓

エポック5：テクノロジーと人間の知能の融合（人間の知能も含む生命のあり方が、

人間の築いた指数関数的に進化するテクノロジーの基盤に統合される）大幅に拡大された人間の知能（圧倒的に非生物的）が、宇宙のすみずみまで行き渡る

↓

エポック６：宇宙が覚醒する（宇宙の物質とエネルギーのパターンに、知能プロセスと知識が充満する）

この「進化の６つのエポック」の中で、私たちは今エポック４の時代を生きているということはお分かりいただけると思います。ただその先のエポック５とエポック６については、常人の理解の及ぶところではないと思われます。筆者が考えるエポック５は汎用人工知能（ＡＧＩ・Artificial General Intelligence）の完成により人間の知能増幅（ＩＡ・Intelligence Amplifier）が可能となるプレ・シンギュラリティ（前特異点・社会的特異点）の状態、エポック６は人類が人工知能と融合し、超人工知能（ＡＳＩ・Artificial Super Intelligence）により人類の進化が特異点（成長曲線が無限大になる点）に到達する状態です。いずれにせよ近未来の話なので、概念と未来のロー

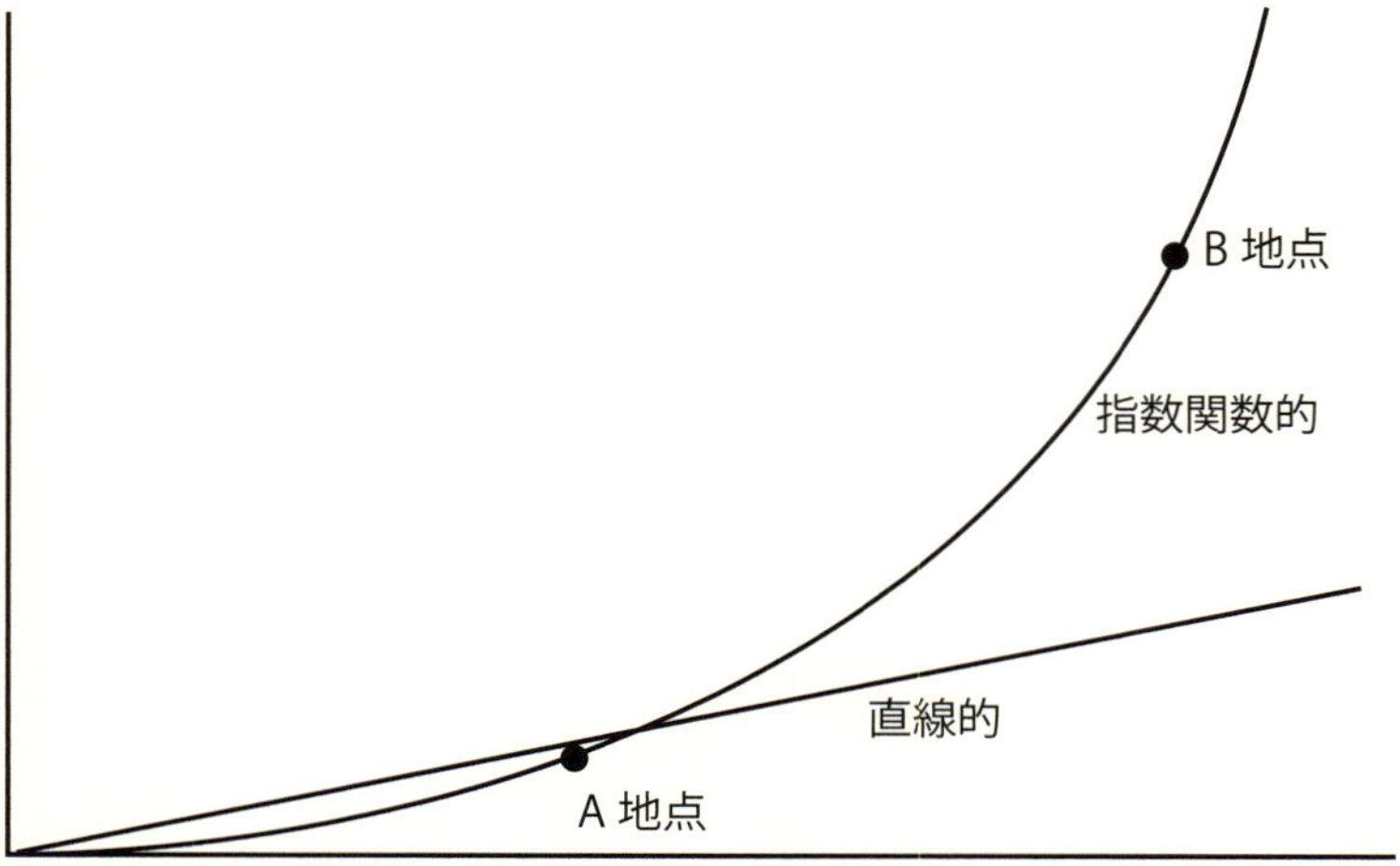

ドマップだけをここでは抑えておいて欲しいと思います。

また、レイ・カーツワイル氏は、「テクノロジーというのは指数関数的に進化していく」と言われます。

途中からとんでもない曲線を描くということです。レイ・カーツワイル氏によれば、今２０１７年というのは、上の図で言いますとA地点の辺りぐらいです。プレ・シンギュラリティ（前特異点・社会的特異点）が起こると予測される２０２９年のB地点以降ぐらいになるともう毎日ノーベル賞を獲れるぐらいの発明があり、ノーベル賞どころか新しいノーベル賞を作れるぐらいの発明、発見があると言われています。

レイ・カーツワイル氏はもう1つ例え話をされていました。池に藻が繁殖するというのも全く指数関数的だということです。「藻が池のちょっと一部にしかなかったのが1週間ぐらい旅行にいって帰ってくると池中全部に藻が繁殖していたような感じ」と言われていました。

テクノロジーの進歩も同じで、どんどん加速するということです。情報技術においては直線的ではなく、指数関数的に拡大していきます。直線的であれば1ずつ増えて30段階で30となりますが、指数関数的に成長すれば1、2、4、8、16、32……となり、30段階では10億、100億と増えていきます。それを彼は「収穫加速の法則」として提唱しています。

日本再興戦略で新たに生まれる30兆円市場

今起きている第4次産業革命ですが、では日本政府はどのような対策を立てているのでしょうか。今、日本のGDPは約500兆円ですが、2020年までに100兆円増やして600兆円にしようという国家プロジェクトを打ち立てました。

それが「日本再興戦略2016」です。日本を再び興すということです。2016年の6月2日に閣議決定されました。これは今の日本で一番の経済政策で最も重要な目玉という、まさに国家戦略です。

しかし、2020年と言いますと2017年、18年、19年の3年しかありません。わずか3年あまりでGDPを100兆円増やそうとしているわけです。

さて、政府はそんな短期間でどうやって100兆円も増やそうとしているのでしょうか？　既存産業で100兆円増やすといってもそれは不可能に近いと言えます。実はGDPの推計方法の見直しにより、新たな基準年となる2011年の名目GDPが19・8兆円、率にして4・2％押し上げられるとの試算もあり、本質ではありませんが「600兆円経済」の実現に向けて追い風になるとも言われています。これまで付加価値を生まない「経費」として扱っていた研究開発費を、付加価値を生む「投資」と見なし、GDPに加算することが要因です。

今回の国家プロジェクトの目玉になるのが、新しい第4次産業革命のテクノロジーであるＡＩあるいはビッグデータ、ロボットです。こういった付加価値マーケットで、30兆円市場を新しく作ろうというのが政府の狙いなのです。これが「日本再興戦略２０１６」の一番の柱になります。

では、Society5.0 についてご説明します。まず、第４次産業革命というのはドイツが言い出したことです。２０１１年にインダストリー 4.0 というコンセプトを打ち出しました。ドイツは製造業が非常に盛んな国ですので、「スマート工場、製造業で４番目の産業革命を起こしましょう」と提唱したのです。２０１２年にはアメリカのゼネラル・エレクトリック社などの企業連合が「インダストリアルインターネット」を、２０１５年には中国が「中国製造２０２５（メイド・イン・チャイナ２０２５）」を発表しました。「インダストリアルインターネット」とは、ＩＣＴ（Information and Communication Technology・情報通信技術）を活用し生産性の向上やコストの削減を支援する産業サービスで、製造業だけをメインにするのではなく、エネルギー、ヘルスケア、製造業、公共、運輸の５つの領域を対象としています。「中国製造２０２５（メイド・イン・チャイナ２０２５）」は、２０４９年の中華人民共和国建国１００周年までに「世界の製造大国」としての地位を築くことを目標に掲げています。

各国の取り組みに対抗して、日本が出したインパクトのあるコンセプトが「Society5.0」なのです。本当は4の方が分かりやすいのですが、この「Society5.0」というのは「第4次産業化革命により5番目の社会を目指しましょう」ということです。

1番目が狩猟社会です。狩りで生活していた社会です。

農業革命によって2番目に農耕社会というのができました。3番目は産業革命が起こってできた工業社会です。4番目が今の社会であるインターネットによる情報社会です。

1番目が狩猟社会、2番目が農耕社会、3番目が工業社会、4番目が情報社会、では5番目は何かと言いますと、日本が目指そうとしている「超スマート社会」になります。

「第4次産業革命のテクノロジーで5番目の社会、超スマート社会を作ろう」ということが、日本再興戦略2016という国家プロジェクトの概要です。

ここでのポイントは、30兆円という巨大な新市場です。30兆円がどれぐらいの規模かイメージつきますか？　おそらくそのような市場がある業界は、自動車産業しかないのではないでしょうか。

例えば外食産業で言いますと、現在「すき家」や「なか卯」などで知られるゼンショーホールディングスが売り上げ1位ですが、その他日本中のファミレスや街のレストラン、飲食店など全ての飲食関係の売上を合わせて約24兆円です。パチンコ産業が今18兆円程度です。バブルの時には30兆円でしたが、今は落ち込んでいます。旅行産業は、インバウンドで増えたと言いながらも６兆円です。教育産業は、幼稚園や保育所から小学校、中学校、高校、大学、短大、専門学校、予備校全て合わせて２兆５０００億円です。出版業界は、書籍や雑誌、電子書籍も含めて1兆６０００億円足らずしかありません。

それから見るといかがですか、30兆円というとてもつもないマーケットをたった３年で作ろうとしているわけです。

30兆円市場に参画しない手はない

私は、今起こっている第４次産業革命、日本が言い出したSociety5.0にどのような形でも参画するべきだと思います。20代の若い人たちにも、「いち早く起業して、第４次産業革命に参画した方が良いよ」「働き方を見直した方が良いのでは」と言っています。特に優秀な若者には、本気で言ったりしています。

なぜかと言いますと、前にもお話ししましたがＡＩ元年は２０１５年であり、ＶＲ元年は２０１６年です。まだまだ研究者や専門家も少なく、需要が非常に高い状況にありながら人材が圧倒的に不足しています。よって、能力のある人たちは引っ張りだこの状態だからです。

日本の優秀な人材が研究室ごと、あるいは会社ごと、どんどん買収されていっています。ＧｏｏｇｌｅやＦａｃｅｂｏｏｋなどの傘下になっていっているわけです。残念なことに東京大学などでＡＩを研究しているところは教授や学生などを含めた研究室ごと買収されています。それは、Ｇｏｏｇｌｅ本社の時もありますしＧｏｏｇｌｅ

Ｊａｐａｎの時もあります。あとはＦａｃｅｂｏｏｋ、ＦａｃｅｂｏｏｋＪａｐａｎなども盛んにやっています。３番目に多いのがＡｍａｚｏｎだそうです。これらが「積極的に買収している会社・ベスト３」になります。

私は何も「あなたに人工知能が開発できるようになってください」と言っているわけではありません。私もエンジニアではありませんから、開発することはできません。ここで重要なことなので繰り返しますが、ＡＩ×ＶＲはどんな業界でも活かすことができます。そしてＡＩ×ＶＲを活用することによって、売上を伸ばすことができるのです。というより、ＡＩ×ＶＲを無視すれば、あなたの仕事がなくなる可能性さえあります。

私も色々な分野の方の相談を受けましたが、どんなケースでも的確なアドバイスをすることができました。そして信頼できるエンジニアやクリエイターとマッチングし、形にしてきました。

今の時代、そしてこれからは、ＡＩ×ＶＲのことを常に頭に置いておく必要があります。そしてもう少し固定概念に捉われないことをお薦めします。会社生存率という言葉を聞いたことがありますか？　創業後10年の間倒産も閉鎖もしない会社は全体の1割にも満たないと言われています。なぜそんなことになるのでしょうか？　それは、過去に捉われ、業種を取り巻く環境やニーズの変化に対応できないからです。色々な方と名刺交換すると、自分のことを「何々屋さん」と定義付けしていている人がほとんどです。例えば不動産屋さんです。保険屋さんです。パン屋さんです。花屋さんです。

これは、私的には非常に危険な話だと思っています。これからの時代に、例えば不動産業界やパン屋業界が、右肩上がりならいいでしょう。しかし、残念ながらほとんどの業界は右肩下がりです。あなたは「いや自分の業界は右肩上がり」と言えますか？華やかに見えるＩＴ業界もそうなのです。パソコンやスマホでさえもう右肩下がりなのです。ソーシャルゲームも右肩下がりです。そういった状況下で、ビジネスセンスのある人は、今ＡＩやＶＲに人も資金もつぎ込んでいます。

私が尊敬する松下幸之助さんの名言で、「時流に乗っていないビジネスでも利益を出すことはできる。しかし、時流に乗っているビジネスをやれば大きな利益を出すことができる」というのがあります。

やはり確実に成功させるためには、これから伸びる分野かどうかを見極め、時流に乗ることが非常に重要になります。

駅やデパートにあるエスカレーターを思い出してください。下がっているほうで駆け上がろうとすると大変です。小学校の時にやったことありませんか？　一生懸命、逆走するのは大変でした。しかし、そんな感じでビジネスをやっている人が多いように思えてなりません。また、逆走していることに気づいていない人も多いです。

ＡＩやＶＲは、これからもの凄い勢いで進化し成長していきます。10年、20年、30年とどんどん伸びていくでしょう。ですから、私はいったんセミリタイアをしましたが「これだ」と思い、私のファイナルビジネスと位置づけ、時間も資金も労力も全て注ぎ込んでいるのです。

ハイスピードで急成長するＡＩ＆ＶＲ

毎年、年末になると流行語大賞というのが発表になりますが、最初に30個のキーワードがノミネートされます。２０１６年で言えば、「神ってる」「都民ファースト」「文春砲」

などでした。その中にＡＩは入っていますが、ＶＲは選ばれていません。

ところが『日経トレンディ』では、ミッドタウンでトレンドエキスポ東京２０１６がありましたが、そこでは1位が「ポケモンＧＯ」でした。２位は「君の名は。」で、3位は煙が出ないタバコの「アイコス」。４位が「インスタグラム」、５位が「メルカリ」でした。ＶＲは15位でした。その中には、逆にＡＩは入っていませんでした。まだヒット商品は出ていないからでしょう。


何事も最初は厳しいのです。すぐにうまくいくことはなかなかありません。しかし、前にお話ししたように指数関数的に進化していきます。

例えば１９９５年にＷｉｎｄｏｗｓ95が出てインターネット元年と言われました。しかし利用するのはほとんどが企業でした。また、日本では一般にまでインターネットは普及しないと予測されていました。なぜなら、パソコンのスペックが当時は全然追いついていなかったことや通信速度が非常に遅かったからです。極めつけは、プロバイダーの料金が個人で契約すると毎月20～30万円もかかりましたから、非常に敷居が高かったわけです。このような金額を個人でおいそれと払える人はなかなかいません。

それが20年以上経った今はどうでしょうか？　スペックは目覚ましい進化を果たし、毎月の料金は格段に安くなりました。まさにレイ・カーツワイル氏の「収穫加速の法則」を地で行っています。

また、２０００年前後にＩＴバブルがありましたが、虚業と言われていました。「リアルに目に見えるものこそビジネスなんだ」と思われていたのです。読売新聞時代の渡邉恒雄氏も「虚業だ、そんなものは」という発言をしていました。しかし一方で、アメリカでは.comバブルと言われていましたが、日本でも渋谷をシリコンバレーにちなんで「ビットバレー」と呼び、事業計画書１つで数千万円から数億円の資金調達ができた時代でもありました。

あれから十数年、今はインターネットで物を買うのが当たり前の時代になりました。お店で商品を見て、ネットで買うという現象も現れました。業種によらず、インターネットなしでビジネスを行うことは非常に難しくなったと言えます。ビジネスどころか生活にも支障をきたす人が多いのではないでしょうか。

インターネットをめぐる環境が、大きく変化したことが分かると思います。

ＡＩの状況も同じで、今はまだまだですが、これから飛躍的な進歩が予想されているわけです。

わずか1％でも3000億円

「日本再興戦略２０１６」が目指すＧＤＰ１００兆円増ですが、第4次産業革命による30兆円以外の70兆円に関しても政府の目論見をざっとご紹介しておきましょう。

この70兆円に関しましては、既存の産業でまかなうわけですが、例えば健康関係のものは16兆円から26兆円とか、エネルギー関連は18兆円から28兆円という感じです。

しかし、こうやってみても30兆円の大きさがよく分かります。これはチャンスです。いや、これをチャンスと言わずして、何というのでしょうか？　この市場からわずか1％のシェアが取れたら３０００億円ですから、かなりの大企業になります。ですから２０２０年に向けて売上数十億円、数百億円の企業がどんどん出てきます。10年先、20年先ではなくて２０２０年までという非常に限られた期間でこういった状況が起こるのです。

しかし、ほとんどの経営者、起業家、会社員はこういったチャンスが訪れている状況になっていることに気づいていません。

だからこそ、少しでも気づいていただきたくて本書を著しました。このことに気づいているかどうかで、近未来が全然違ったものになります。人類史上最大のパラダイムシフトは、半端なものではないからです。

どうやってAI×VRで利益を出すのか？

今まで色々なビジネスを行ってきた私ですが、ここ数年はAI×VR一本です。ですからAI×VR関係のエンジニアやプログラマー、クリエイターの方々が集まる場にはできる限り出席するようにしています。

そこで色々な方とお話しするのですが、残念なことに企業や個人の方でも「あまり儲かっていない」という話が多い状況です。

まだこの産業自体がマネタイズできる状況というわけではなく、キャッシュポイントも少ないですから当然なのですが、これから必ず拡大する市場ですので、私も何とかお役に立てればと思って、色々と考えを巡らせています。

さらにお話を聞いていると、「このことはよく知っているけど、こっちのことは全然」という方が非常に多いのが現状です。こういった場に集まる人は、何かしらプロフェッショナルなものを持っています。ただ、企画から売上にするまでの一連の流れをきちんと把握できている人は、ごく少数と言えます。

ですから私は、そういった人たちの橋渡しができないかと考え、活動しているわけです。

結局、ヒット商品を生み出したり利益を積み重ねていったりするためには「テクノロジー×マーケティング」ということに尽きます。テクノロジーを持っているだけではダメなのです。

Ｆａｃｅｂｏｏｋがここまで大きくなれたのは『ソーシャル・ネットワーク』という映画でもあったように、マーク・ザッカーバーグだけでは無理だったのです。途中でマーケティングができる人、あるいはきちんとした投資家なり、そういう方たちが集まってお金を出したり知恵を出したりしたからこそ今の巨大企業になりえたわけです。ですから自分ができなければ、できる会社と組めばいいのです。ＪＶ（ジョイントベンチャー）、つまり共同でやればいいのです。

例えばツールやアプリ、あるいはプラットフォームを作るのは得意だけどマーケティングが苦手という会社や人がいたとします。そういった場合は、マーケティングを手掛けているところと組んでレベニューシェアでやるべきだと思います。

また、キャッシュポイントですが、私の会社ではほとんど月額課金にしています。サブスクリプション型（定期購入）のビジネスモデルです。大手もそうしているところが多いです。今、「●●放題」だらけです。電話かけ放題、雑誌読み放題、本読み放題、動画見放題、音楽聞き放題……。それで月々８００円や９８０円を課金しています。なぜそうするかと言いますと、すごく経営が安定するからです。月額１０００円の人が１０００人いたらもう月額１００万円になります。これが毎月定期的に入ってくれば、経営基盤が安定します。

このビジネスモデルの魅力的なポイントは、利益率が極めて高いということです。

ツールとかアプリの場合はそこのプラットフォーマーに、例えばｉＯＳだったら30％とられますが、基本的には1回作ってしまえばあとはサポートが多少必要なぐらいです。ランニングコストはほとんど必要ないと言って良いでしょう。

ですからあなたの方で、「何かこういう案件があります」というのがあれば相談してください。私の会社のエンジニアやクリエイターがツールを作って一緒に販売していくことも可能です。私も色々なアイデアを出しますし、マーケティングが得意な会社とのＪＶも可能です。

ホリエモンこと堀江貴文氏が言っている「儲かるビジネスの4大法則」をご存知でしょうか？　1番目は、何かビジネスを始める時はなるべく初期投資がかからない方が良い。2番目は在庫がない方が良い。3番目は利益率が高い方が良い。4番目は継続的に安定した収入がある方が良い。

しかし、そういうビジネスというのは、実際にはなかなかありません。リアルビジネスでは、ほぼないと言っていいでしょう。まず、飲食店などの店舗経営はもう全部当てはまりません。最初に店舗の保証金などのお金がかかりますし、在庫を抱えなければなりません。利益率も悪いですから、堀江氏の法則に当てはまりません。

もっと言いますと４番目の継続性にも問題があります。例えば大きな地震が起きたとすればお客様が来なくなります。東日本大震災の時もそうでした。渋谷や新宿でも人影はまばらでした。日本の場合は地震のリスクが多いですから、考慮に入れる必要があります。そういった意味でも先ほどお話ししました私のビジネスモデルであれば、堀江氏の法則をかなりのレベルで満たしていると思います。

ユートピアかデストピアか

人工知能の関係者の間では、今、ある議論がなされています。

それは、「人工知能が進化すれば、人類はユートピア（理想郷）になるのかデストピア（暗黒郷）になるのか」というものです。もっと言えば、２０２９年にプレ・シンギュラリティ（前特異点・社会的特異点）が起これば人間は幸せになるのかということです。

ＮＨＫが放映した『クローズアップ現代・〝仕事がない世界〟がやってくる⁉』では、

「20年以内に、日本の労働人口の49％の仕事が、機械に置き換えられる⁉（シンクタンク試算）」と言っていました。また、「〝働かざる者食うべからず〟といった常識が通用しなくなるかもしれない社会で、私たちはどう生きていくのか」という問題提起をしていました。

さて、あなたはこの状況を幸せと捉えますか、それとも不幸と捉えますか？

例えば人工知能により自動運転の技術が完成すれば、タクシーやバスの運転手という職業はなくなってしまうでしょう。とすれば、その仕事に従事している人は不幸に思えます。

しかし、問題はそんなに単純なことなのでしょうか？

そもそも、日本人は大昔から朝から晩まで働いていたのでしょうか？　今のように1日8時間働くようになって、まだ100年ぐらいしか経っていません。江戸時代の武士は1週間に3日程度しか働かなかったと言われています。

今は「学校を出たら、現役世代の間は1週間に5日働く」ということが常識になっています。なので、「仕事がなくなる」と聞けば悲観的になってしまいます。人間一旦、身に着いた常識を覆すのは大変ですから、どうしてもネガティブに捉えてしまいます。

ただ一方で、人工知能によって「仕事から解放される」とも言えます。やりたくない仕事を人工知能が代替してくれるわけですから、ありがたい話です。問題なのは、収入が途絶えてしまうということです。前にもお話ししましたように、人工知能に働かせる側にならなくてはいけないのです。ただ、全員がそうなれるわけではありませんので、スイスやオランダ、フィンランドなどでは、仕事がなくなる時代が来ることを想定して、全ての国民に毎月、一定額を支給するベーシックインカム（ＢＩ・最低生活保障）の導入の検討が始まっています。まさに、ＡＩ（人工知能）×ＢＩ（最低生活保障）の組み合わせです。

では、プレ・シンギュラリティによって人類がデストピアになる、つまり人工知能に仕事を奪われる＝不幸と考えるとするなら、どう対処すればいいのかという視点でお話ししましょう。それは我々人間の知能を超える「超知能」を開発し、インターネットのように生活になくてはならないものにするしかありません。

では、人間の知能を超える「超知能」とは、いったいどのようなものなのでしょうか？　基本的に3つのパターンが考えられますが、イメージがつきやすい3つの映画がありますので、それに例えてご説明していきます。ご覧になっていなかったら、DVDを借りて見てみてください。

1つ目の方法は、映画『ルーシー』のパターンです。
人間の脳は、通常10％程度しか機能していないという仮説に基づいています。この『ルーシー』では、脳を100％覚醒させると人間はどうなるのかを描いています。知能を何らかの方法で増強する「超人間」を目指そうというわけです。映画『トランセンデンス』にも登場する、脳（意識）の状態をデジタルデータとして保存し、クラウド上にアップロードするマインド・アップローディングや、脳を解析するリバースエンジニアリングなども研究されています。また、薬品や電気ショックにより脳の増強を可能にしようとするわけですが、あなたはそんなことをしてまで脳を100％使えるようになりたいですか？　少なくとも私はお断りしたいです。この方法はあまり現実的でないと思います。

2つ目が、映画『ターミネーター』のパターンになります。

映画をご覧になった方は分かると思いますが、ターミネーターを操作する人工知能のスカイネット、つまりコンピュータという機械そのものをパワーアップさせる方法です。人は知らないものを恐れるという性質を持っていますから、自我を持つ超人工知能が完成したら、間違いなく怖がると思います。

３つ目は、『攻殻機動隊』のパターンです。

これは「機械を使って人間の脳をパワーアップさせよう」というものです『攻殻機動隊』で「電脳化」と表現されているものに該当します。

士郎正宗氏のコミックを押井守監督が映画化したＳＦアニメの傑作『GHOST IN THE SHELL/攻殻機動隊』が有名ですが、ハリウッドで実写映画化した『ゴースト・イン・ザ・シェル』も話題になっています。

「攻殻機動隊」の舞台は２０２９年ですが、レイ・カーツワイル氏が予想している人工知能がチューリングテスト（イギリスの数学者アラン・チューリングが考案した、ある機械が人工知能かどうかを判定するテスト）をパスするのも２０２９年で、ぴったり重なっているのは偶然でしょうか。

ここで電脳化についてもう少しご説明します。電脳化を広く解釈すれば、すでにＧ

ｏｏｇｌｅなどの検索もそれにあたります。ただ、今の状況ではパソコンやスマホで検索していますから、インターフェイスと人間との間に隔たりがあります。これが例えば、コンタクトレンズと検索できる機械が一体化すれば、さらに電脳化に近づきます。これは、そんなに遠くない未来に実現するでしょう。もっと進化すれば、脳の中に検索できる機械を埋め込むことも可能になるかもしれません。

こうやって人間の知能をパワーアップすることを知能増幅（ＩＡ・Intelligence Amplifier）と言います。

１つ目のパターンは非現実的ですが、２つ目のパターンですとデストピアになる可能性があります。人間のいうことを聞かなくなることが想定できるからです。３つ目のパターンですと、私的にはユートピアになるのではと思っています。

なんちゃって人工知能

話を戻しましょう。

日本は、２０２０年までにＧＤＰ６００兆円を目指すわけですが、成長戦略として制度改革や人材育成に取り組んでいかなくてはいけません。

では、これから具体的な話をしていきたいと思います。前にもお話ししましたように２０１５年がＡＩやＩｏＴの元年、２０１６年がＶＲやフィンテックの元年でしたが、ＡＩというのは実は歴史がもう60年以上あります。ここで少々難しいのは、「人工知能とは何か」という定義がないということです。人工知能を語る人がやたら多いですが、正確に把握している人はほとんどいません。ここが大きなポイントになります。

気を付けていただきたいのは、家電や色々なものも含めて、〝なんちゃってＡＩ〟が多いことです。ＶＲもそうです。なんちゃってＶＲ、「それって、ＶＲじゃないのでは⁉」という感じのものが結構あります。家電でも「ＡＩ搭載」と謳っているものもありますが、「いや、それＡＩじゃないです」みたいなものもあります。「それは単なる新しい技術ですし」みたいなことが多いのですが、それはなぜかというと「ＡＩとはこういうもの」という明確な定義がないからです。

人工知能で今できること

人工知能学会やシンギュラリティサロン、全脳アーキテクチャ勉強会、全脳アーキテクチャ・イニシアティブといった集まりをご存知でしょうか？　あまり一般的ではありませんが、そういった人工知能関係のコミュニティが日本にはたくさんあります。私はそれらのコミュニティに積極的に参加しています。そこには、大学の先生、研究所や大企業の人などが来ています。その他、プログラマー、エンジニアの方とかも参加されています。

今そういうところで何が話されているかというと、「では、10年後、20年後はどうすればいいか？」みたいな倫理的なことが多いです。このことをこれから整理していきますが、まず今の人工知能のレベルはと言いますと、1つのことしかできない専用人工知能、特化型人工知能になります。人工知能は進化してきましたが、まだ1つのことしか基本的にはできません。

人工知能の話をするとすぐ「ターミネーターみたいな世界がくるんですか？」み

たいな質問をされることがありますが、そんなに簡単に来るものではありません。なぜなら、ターミネーターが現実になるには、「汎用人工知能」（ＡＧＩ・Artificial General Intelligence）が完成しなければあり得ないからです。汎用人工知能とは簡単に言えば、「人間以上の知能」を身につけた人工知能です。これは、未だに世界中に１つもありません。

汎用人工知能が完成するのがプレ・シンギュラリティ（前特異点・社会的特異点）です。

ここで、本書の目的をお話ししたいと思います。汎用人工知能が完成した時、プレ・シンギュラリティが起こるわけですが、今できていない技術をここで議論してもしょうがないと思います。今やろうとしているビジネスには何の関係もないからです。今できることで考えていくことが「今稼ぐ」ということにつながるのではないでしょうか？　もちろんロードマップで「将来的にこういうふうになりますよ」という予測は必要ですが、10年後、20年後にしかできないようなことを今話しても、私は基本的に意味がないと思っています。

では、今できることとは何でしょうか？　今の人工知能にできることは、繰り返しますが1つのことだけです。例えばゲームで言えばオセロの人工知能はオセロ、将棋は将棋、囲碁は囲碁しかできません。どんなに優秀な囲碁のＡＩでも、残念ながら将棋もオセロもできません、というふうに考えてください。

人工知能の歴史

ではここで、人工知能の過去の動向を振り返ってみましょう。今まで人工知能の歴史には3つのブームがありました。1つずつご説明していきます。

●第1次ブーム

1950年代に起こった第1次ブームは推論と探索の時代でした。ネズミの脱出ゲームのようにルールとゴールが決めてあるゲームでいかにしてゴールにたどり着くか、あるいはチェスなどのゲームでどうすれば勝てるか、そのための推論と探索を行うものでした。しかし、これはすぐ冬の時代を迎えることになります。

なぜなら、やっていることがまだまだ稚拙だったかったからです。そもそも人工知能というのは人間の知能をどこまで代替できるかということがテーマなのですが、やっていることがネズミの脱出ゲームであれば、「ここをどうやったら脱出できるか」という、現実世界とあまり関係ない、あまりにもスケールが小さい世界の話でしたので、「これでは、役に立たないでしょう」ということになり、冬の時代を迎えてしまったのです。

ただ、第1次ブームには、実は日本はかかわっていません。１９５０年代の日本はまだ敗戦からあまり時間が経っていませんでしたし、高度成長時代の前で資金的にも対応できなかったからです。

●第2次ブーム

第2次ブームというのは１９８０年代に起きましたが、日本が参入したのはここからです。第2次ブームは、「人工知能に情報を与えて人間の脳に近づける」ということを目指しました。この時代の日本はと言いますと、第5世代コンピュータという人工知能を作ることが目標のプロジェクトが有名です。１９８２年に国家プロジェクトとして、当時の通産省が570億円を投じて10年間推進しました。他には、いつでもどこでもコンピュータとつながることを目指したTRONプロジェクトなどもありましたが、この時も冬の時代を迎えます。

その理由としましては、知識や情報などを常にコンピュータに与え続けないといけないということが分かったからです。あれから三十数年たちますが、未だに同じことをやっています。例えばコミュニケーションを取るという場合、新しい言葉が常に出てきますから、新しい言葉の情報を人間がずっと入れ続けなければならないわけです。「本当は人工知能に代わりにやってほしいのに、結局人間がやっているのと変わらない」ということに気付き、「これではあまりにも意味がない」となったわけです。

ロボット工学者にして未来学者のハンス・モラベック氏は、「モラベックのパラドックス」ということを言いました。これは、「人工知能は、人間が論理的に考えることを再現するよりも、赤ちゃんが初めて何かを覚えたり、立ったりすることを再現する方が難しい」ということです。つまり、人間にとっては当たり前のことが人工知能にとっては非常に困難であり、逆に人間が難しいと思うことを人工知能は簡単にやってしまうという逆説になってしまうというわけです。

また、フレーム問題というのもあります。

これは、１９６９年にジョン・マッカーシーとパトリック・ヘイズが指摘した人工知能研究の最大の難問です。今からしようとしていることに関係のある事柄だけを選び出すことが、実は非常に難しいと言う問題です。周りの環境から、何が関係あって、何が関係ないかを調べるために、無限の計算が必要になって人工知能が止まってしまうことを「フレーム（枠）問題」と言います。

人工知能は、チェスやオセロのような閉じられたルールの枠の中では有効に働きますが、現実の世界のように開かれた世界に飛び出すと、情報を処理しきれずに動きが停止してしまいます。コンピュータには有限の処理能力しかないので、何も動作できずに止まってしまうのです。しかし、フレーム問題は人間でも解決できるわけではありません。本質的には解決できませんが、人間は普段このようなフレーム問題に遭遇しません。人間と同様にあたかもフレーム問題を解決しているかのように、人工知能が対応できるようにすることが研究の目標となっています。

その目標に挑戦する第3次ブームに関しましては、次章に譲りましょう。

第2章

ディープラーニング革命

第3次ブームにおける一番の進化

２０００年代半ばに始まった第３次ブームですが、それまでと一番大きな違いは、深層学習という「ディープラーニング」が人工知能の世界に登場したことです。

ディープラーニングとは、人間が特徴量を作り出すのではなく、コンピュータがデータを元に自ら特徴量を獲得し、画像などを解析できるようになる新しい機械学習の手法になります。特徴量とは、様々なもの、例えば、机を見て「これは机」と認識する元になっている要素を言います。特徴量を抽出することができれば、色や素材、形が違っても机と認識することができるのです。人間の脳機能のように、何層にも重なった多層構造のニューラルネットワーク（人間の脳神経回路をモデルにした情報処理システム）です。ディープラーニングの出現によって、人工知能は格段の進化を果たしました。これが人工知能の60年来にわたる歴史の中のブレイクスルーと言われています。

ディープラーニングは機械学習の１つの分野です。機械学習はプログラムを人間が作りません。人工知能のプログラム自身が学習する仕組みです。どう判断するかを人間が教えることなく、機械が自分で学習することから、「機械学習」と呼ばれています。機械学習は、人間がプログラムとして与えるのではなく、機械が答えを導き出すための手法を機械が自動的に膨大なデータから学習してモデルを作っていきます。例えば猫の画像認識では、猫というタグを画像に付け、機械学習アルゴリズムに流し込むと、自動的に猫を判断して分類してくれます。ビッグデータ技術の進展により、多くの学習データが容易に入手できるようになったことと、コンピュータの性能が飛躍的に向上したことが大きな要因になっています。

では、ディープラーニングと機械学習はどう違うのでしょうか？　例えば、従来型の機械学習で色を認識するには「色情報」を特徴量にして識別させていましたが、これは人間が設定しなければいけませんでした。ディープラーニングでは、学習データから機械側が自動的に特徴量を抽出する点が決定的に違います。何に着目すれば良いかを教えなくても、どんな特徴量を活用すれば識別できるのかを自動的に学習するのです。さらに、非常に細かい部分まで特徴量を抽出できるので、画像認識や文字認識、音声認識の分野で幅広く活用されています。

機械学習で現在一番有名なのはＩＢＭが開発した「ワトソン（Ｗａｔｓｏｎ）」

です。ワトソンとは、質問応答システム・意思決定支援システムであり、自然言語を理解・学習し人間の意思決定を支援する「コグニティブ・コンピューティング・システム」と定義しています。コグニティブとは、日本語で「認知」のことで、コグニティブ・コンピューティング・システムは、「ある事象についてコンピュータが自ら考え学習し、自らの答えを導き出すシステム」になります。

2011年にそのワトソンがアメリカで有名なジョパディ!(JEOPARDY!)というクイズ番組でクイズ王の人間を破りました。また、チェスのチャンピオンや将棋の電王戦でも勝ちました。羽生善治さんが2017年にAIと戦うと噂されていますが、時代はそういった流れに突入しています。

今のトレンドの議論では、ディープラーニングがAI活用の主流になろうとしていますが、まだまだ途中経過の技術と言わざるを得ません。先ほども申し上げましたが、汎用人工知能はまだ世界で1台も完成していないからです。

ただ、ディープラーニング革命が、なぜ「革命」と言われているかといいますと、今までできなかった「認識」ができるようになったからです。これはAIを語るうえで画期的なことです。

ディープラーニング革命・3段階

①3つの認識が可能になる（画像認識、文字認識、音声認識）

▼

②運動ができるようになる（ロボットなどに応用）

▼

③言語の意味が理解できるようになる（翻訳、通訳などに応用）

ディープラーニングによって、1番目に画像認識、文字認識、音声認識の3つの認識ができるようになります。現在、実際に一番使われているのが画像認識です。

次に運動ができるようになります。これはロボットの開発に応用ができます。

3番目が「言語の意味を正確に理解できる」ということですが、これが一番難しいところです。特に日本語は同音異義語などがあったり、同じ言葉でも文脈によって意味が違ったりしますのでより難しいのです。また、人工知能にとって言語の意味を理解するということにおいて一番難しいのは、実は「雑談」です。「タスク達成型」という一定のパターンにはまったものであれば、ある程度会話が成立するのですが、それを外れた発言には対応ができません。

ちなみにコミュニケーションロボットなどは、人が話す時にはマイクはオンですが、ロボット自体が話す時にはマイクがオフになります。自分が話す音を認識してしまうと、それに対して応えてしまうというループ状態になってしまうからです。

しかし、そういった会話もディープラーニングを使うことによってできるかもしれないと予想されています。

ディープラーニングは、人工知能の歴史において間違いなくブレイクスルーです。

Googleの猫

人間であれば子供でも犬や猫を見て「これが犬、これが猫」と覚えることができたり、人間が描いた下手な絵でも犬とか猫と認識できたりしますが、それがコンピュータではずっとできませんでした。犬や猫を見ても、それが犬や猫と認識できなかったわけです。「近代言語学の父」といわれるスイスの言語学者フェルディナン・ド・ソシュールは、「言語というものは記号の体系」と言いました。記号はシニフィアン（意味するもの、言語、言葉、音声。例えば、「ネ・コ」という言葉）とシニフィエ（意味されるもの、物質、意味、概念。例えば、「ネ・コ」という概念）が表裏一体となって結びつくものというのが彼の考えです。従来のコンピュータは、この表裏を結び付けるということができなかったわけです。

しかし、それを可能にしたのが２０１２年に登場した有名な「Ｇｏｏｇｌｅの猫」です。ＹｏｕＴｕｂｅにアップロードされている動画から、ランダムに取り出した２００×２００ピクセルサイズの画像を１０００万枚用意し、これを用いてディープラーニングにより解析し、１０００台のコンピュータで３日間かけて、それを１個１個、猫の特徴として学習していきました。そうすると同じ猫といっても色々な猫がいるわけですが、初めて猫のパターンを認識して見分けられるようになりました。人間が描いた絵でも猫と認識ができるようになったのです。

これは人工知能の歴史の中でも非常に画期的なことです。「人工知能が認識する」ということにおいて重要なのは、特徴点を見分けることです。ディープラーニングの技術というのは非常に力業です。ですから物凄く細かい特徴点を全部１つひとつデータとして読み込んで解析していきます。

そのために非常に高額のサーバー料金がかかります。例えば2016年の3月に、Googleが買収したディープマインド社が、「Alpha Go」(アルファ碁)というAIを開発し、囲碁の名人に勝ちました。(詳しくは後述します)そのサーバー費用は、一説によると60億円かかっていると言われています。ですから普通の企業ではおいそれとは開発ができません。なぜGoogleが開発できたのかといいますと、Googleの資金力と自社のサーバーを使っているからです。

ディープラーニングの最前線

では、ディープラーニングの最前線についてご説明していきます。先ほどもお話ししましたが、Googleが約500億円以上を投じて買収したディープマインド社が、「Alpha Go(アルファ碁)」というAIを開発しました。2016年の3月に、このAIが世界トップレベルの韓国のイ・セドル九段に4勝1敗で勝利したというニュースが世界中に配信されました。

ちなみにこのディープマインド社は、ロンドンに本社があり、デミス・ハサビス氏、シェーン・レッグ氏、ムスタファ・スレイマン氏によって２０１０年に共同設立されました。ＣＥＯのデミス・ハサビス氏は超天才として大変有名です。

機械学習と脳神経科学を応用して開発された画期的な汎用学習アルゴリズム「ＤＱＮ」（Deep Q-Network）は、これまで知られていた人工知能とは一線を画すと言われています。ゲーム画面の出力信号と「高いスコアを出す」という指令のみで動く「ＤＱＮ」は、圧倒的な学習スピードと汎用性があり、この「ＤＱＮ」を元に「Ａｌｐｈａ　Ｇｏ（アルファ碁）」が開発されました。

ちなみに、囲碁のトッププロに勝利した「Ａｌｐｈａ　Ｇｏ（アルファ碁）」には名誉九段が授与されています。その後、２０１６年12月29日から31日にかけて韓国のインターネット囲碁サイト「東洋囲碁」に「Ｍａｇｉｓｔｅｒ」というＩＤの棋士が突如現れ、世界ランクトップの中国の柯潔（ケ・ジェ）九段や韓国ランキング１位の朴廷桓（パク・ジョンファン）九段など、世界トップ級棋士と対局し30戦全勝をしました。２０１７年1月1日から5日にかけては、中国の囲碁サイト「野狐囲碁」に「Ｍａｓｔｅｒ」というＩＤで出現し、世界トップ級棋士とさらに30戦を戦い30戦全勝、合わせて60戦60勝、衝撃の60連勝と勝率は１００％になりました。２０１７年1月

4日、デミス・ハサビス氏はツイッターで、「Ｍａｇｉｓｔｅｒ」と「Ｍａｓｔｅｒ」の正体は実は「Ａｌｐｈａ　Ｇｏ（アルファ碁）」の進化型であることを公表しました。今後の公式戦に備えて、インターネット上でテストを行っていたそうです。

ではその他、ディープラーニングでどのようなことができるようになったかご紹介しましょう。例えば、あなたもやったことがあるかもしれないブロックゲームです。ブロックゲームを、ディープラーニングに強化学習をプラスして行います。強化学習とは、より多くの「報酬」が得られる行動を探索して学習する方法です。「これができたら報酬をあげます」ということをインプットしていきます。いかに確実に効率よく実現するかが重要です。

ＡＩは、バーを適当に動かして、たまに当たるとどの角度で当たって、どこにはじき返して何点貰えたかということを自分でどんどん学習していきます。まず命題として点数を多くするということを設定しておくと、あとは自分で学習して何時間か経つと人間では思いもよらないような高得点を獲得するプレイをするようになります。その囲碁版が「Ａｌｐｈａ　Ｇｏ」ということです。

また、日本のプリファードネットワークスという会社も同じようなことをやっています。人工知能を搭載した動くミニカーをいくつか使って、「ぶつからないと報酬をあげます」ということをインプットします。最初はもちろんぶつかるのですが、何時間かすると学習してぶつからなくなります。

２０１６年の10月に幕張メッセで開催された、アジア最大級のＩＴ技術の国際展示会であるシーテックジャパンで、プリファードネットワークスがブースを出展していましたが、その時はドローンで行っていました。ディープラーニングと強化学習により、ドローンをぶつからないように飛ばしていました。

こういう技術はもちろん自動運転の方にも活用されています。自動運転には5段階あります。レベル１は運転の３要素であるアクセル、ブレーキ、ハンドルのどれかを自動運転システムが制御します。レベル２はアクセル、ブレーキ、ハンドルのうち、複数の操作を自動運転システムが制御します。レベル３はアクセル、ブレーキ、ハンドルの全ての操作を自動運転システムが制御します。但し、緊急時はドライバーが操作を行ないます。レベル４は緊急時も含めて、空港など専用空間内や地域を限定し、アクセル、ブレーキ、ハンドルの全ての操作を自動運転システムが制御します。レベル5は緊急時も含めて、地域限定なしで、アクセル、ブレーキ、ハンドルの全ての操作を自動運転システムが制御します。日本では、レベル4は2020年まで、レベル5は2025年を目処に市場化を目指しています。レベル4とレベル5が完全自動運転になるわけですが、その障壁になっているのがジュネーブ道路交通条約です。ジュネーブ道路交通条約では、「自動車」とその「運転者」について様々な定義をしています。

第8条第1項：一単位として運行されている車両、または連結車両には、それぞれ運転者がいなければいけない。

第8条第5項：運転者は、常に車両を適正に操縦し、または動物を誘導する事ができなければいけない。運転者は、他の道路所有者に接近する時は、当該他の道路使用者の安全のために、必要な注意を払わなければならない。

第10条：車両の運転者は、常に車両の速度を制御していなければならず、また適切かつ慎重な方法で運転しなければならない。

運転者は、状況により必要とされる時、特に見通しがきかない時は徐行し、または停止しなければならない。

つまり、走る車にはドライバーが絶対いなければいけないと決められています。運転そのものは、自動運転システムが行なうとしても、ドライバーは監督下に置いている必要があるため「完全自動運転」自体が国際条約で認められていないのです。そのため、自動運転については、ジュネーブ道路交通条約に加盟している国で認められるのは、運転手がいつでも操作できる状態にある「レベル３」までになります。

現在、自動運転で世界の最先端を行っているのがＧｏｏｇｌｅだと言われています。しかし、一方で中国が抜いたのではないかという意見もあります。

実はジュネーブ道路交通条約にはほとんどの国が加盟していますが、中国は入っていません。つまり、運転席に人がいなくても公道で走行試験ができるわけです。

また、中国の自動運転の開発を行っているバイドゥーという会社は、ＧｏｏｇｌｅＸでディープラーニングを開発していた元スタンフォード大学准教授であるアンドリュー・エン氏をＡＩ研究所の初代所長として引き抜きました。バイドゥーは地図を作っている会社であり、中国全土の道路などのビッグデータを持っています。そのビッグデータをアンドリュー・エン氏のディープラーニングの技術で自動運転に活かそうとしているわけです。

日本はと言いますと、法律や制度の変更も必要ですので、実用までに残念ながらあと20年はかかると言われています。


次に「言語の意味理解」についてご説明します。

例えば「ギターを弾いている男の人の写真」を人工知能に見せると、ディープラーニングの技術を使えば、「ギターを弾いている男性の●●さん」という感じで表現することができるのです。つまり、写真を読み取って説明することができるわけです。この逆もできます。説明文を読み取って、それに該当する画像が出てくるのです。

日本語の翻訳は難しいのですが、英語からドイツ語に翻訳することはある程度できるようになっています。前にもお話ししましたが、日本語は同音異義語などが非常に多くてなかなかうまくいっていません。それでも、翻訳したい言葉を1回入れて、それを画像に変えて、その画像の意味をとらえて翻訳できないかという研究が今進められています。これが可能になれば、意訳ができるようになりますので、例えば英語を入れて「おそらくこういう意味だろう」ということが技術的にできるようになります。

ディープラーニングを使った成功事例

次にディープラーニングを使った成功事例をお話しします。

洗濯物の自動折り畳み機というのが、２０１７年にセブン・ドリーマーズ・ラボラトリーズというベンチャー企業から出ます。商品名を「ランドロイド」と言いますが、２００５年から10年以上の歳月をかけて開発したそうです。今の洗濯機は洗濯から乾燥までは自動でできますが、折り畳みは手動でしています。そこまで自動でやってしまうというかなり画期的なものです。これは、大型冷蔵庫ぐらいの大きさで２０１７年にパナソニックから発売されます。「ランドロイド」はホテルなどとも契約が進み、ディープラーニングを使った成功事例と言えます。

他にも、知り合いの会社が開発したものですが、人工知能を活用してマッチングをしてくれるという完全審査制のビジネス向けマッチングアプリ「ｙｅｎｔａ（イエンタ）」もあります。登録すると毎日10人ほど、「ビジネスであなたと合う人」「あなたにとって有益な人」をスマホ上で紹介してくれるのです。受け取った10人の中でよさそうな人を選びます。そして、先方がＯＫであれば、その日の午後８時に「マッチングしましたよ」と連絡が入る仕組みになっています。

また、自分の写真を撮影すれば人工知能が新しいスタイリングを提案してくれるという「デクワス・ＣＡＭＥＲＡ」もあります。芸能人の写真をインプットすると着ている服がどこで売られているのか自動的に検索し、購入サイトにつながります。

人工知能が学習したパーソナルデータを元に、お客様に沿ったファッションコーディネートを提案することができる人工知能アプリ「ＳＥＮＳＹ（センシー）」も注目を集めています。

ディープラーニングの発展と社会への影響

では、本章の最後にディープラーニングが今後どう発展し、そして私たちの生活や社会にどんな影響をもたらすのかをまとめておきます。

まず、先にご説明したようにディープラーニングは、

①3つの認識が可能になる（画像認識、文字認識、音声認識）

←

②運動ができるようになる（ロボットなどに応用）

←

③言語の意味が理解できるようになる（翻訳、通訳などに応用）

という流れで発展します。この3つをさらに細かく説明しますと、①の認識は画像から特徴量を抽出するようになります。これにより、画像を認識する力がアップします。

次に画像だけではなく、動画やVRなどのマルチモーダル（多様な形態）なデータからも特徴量も抽出できるようになります。これにより動画の認識が正確に行えるようになります。このことが高い精度でできるようになると、行動や異常を予測することができます。

②運動ですが、制御工学やセンサー技術などのロボット工学が進み、自分の観測とデータを合体させて、特徴量を抽出できるようになります。それにより記号を操作し、

自分の行動の計画が立てられるようになります。

そして、インタラクションが可能になります。インタラクションとは、相互のやり取りができるということです。人工知能が自ら行動の計画を立てるようになることに加え、相手の行動に合わせて適切なリアクションもできるようになるのです。言葉や行動のキャッチボールができるようになるわけです。

最後の③「言語の意味が理解できるようになる」にも2つの段階があります。

前にもお話ししましたが、スイスの言語学者フェルディナン・ド・ソシュールは、記号はシニフィアンとシニフィエが表裏一体となって結びつくものと提唱しました。従来のコンピュータは、この表裏を結び付けるということができませんでしたが、それができるようになります。極めて高い次元の特徴量を抽出し、言語と関連付けることができるようになるのです。これをシンボルグラウンディングと言います。

最終的には、言語から知識を吸収できるようになります。シンボルグラウンディングされた言語データをインプットすることにより、それは可能になります。

本当にSF小説の世界のようですが、これはそう遠くない時代にやってくる我々人類の現実です。

３つの認識が可能になる	①画像から特徴量を抽出
	②マルチモーダルな情報から特徴量を抽出
運動ができるようになる	③自分の行動と観測データを合体し、特徴量を抽出
	④インタラクション
言語の意味が理解できるようになる	⑤シンボルグラウンディング
	⑥言語から知識を吸収

では、これらの技術が現在から未来にかけ、社会にどのような影響を与え、何ができるようになるのかご説明していきましょう。

まず、「①画像から特徴量を抽出」ですが、画像を正確に認識できるようになるわけですから、人間の身体などの診断ができるようになります。

さらに認識の精度が向上して「②マルチモーダルな情報から特徴量を抽出」のレベルになると動くものも正確に認識できるようになりますから、監視や防犯ができるようになります。また、後ほど詳しくお話ししますが、２０１７年に開店予定の無人コンビニエンスストア「Ａｍａｚｏｎ　Ｇｏ（アマゾン・ゴー）」なども可能になります。

「③自分の行動と観測データを合体し、特徴量を抽出」になりますと、運動能力が上昇しますので、自動運転が実現するとともに、建設や物流倉庫などでの作業ができるようになります。その他、農業や製造業など幅広いジャンルで力を発揮するようになります。外的要因による変化を内部で阻止する仕組みができるようになりますから、自律的な行動も可能になります。これが、２０２０年頃と予測されています。

「④インタラクション」になれば相互のやり取りができるようになりますから、介護ロボットなどが実現します。

２０２５年頃になりますといよいよ「⑤シンボルグラウンディング」の時代になります。言語と映像の相互交換ができるようになりますから、翻訳ができるようになります。

最後の「⑥言語から知識を吸収」の時代になりますと、かなりの職業を代替できるようになります。秘書、学校の先生など高度な技術を必要とする仕事もできるようになります。これは２０３０年頃到来すると言われています。

このようなことが10年余りで起こるということを、あなたは信じられますか？

第3章 文化革命を起こすＶＲ

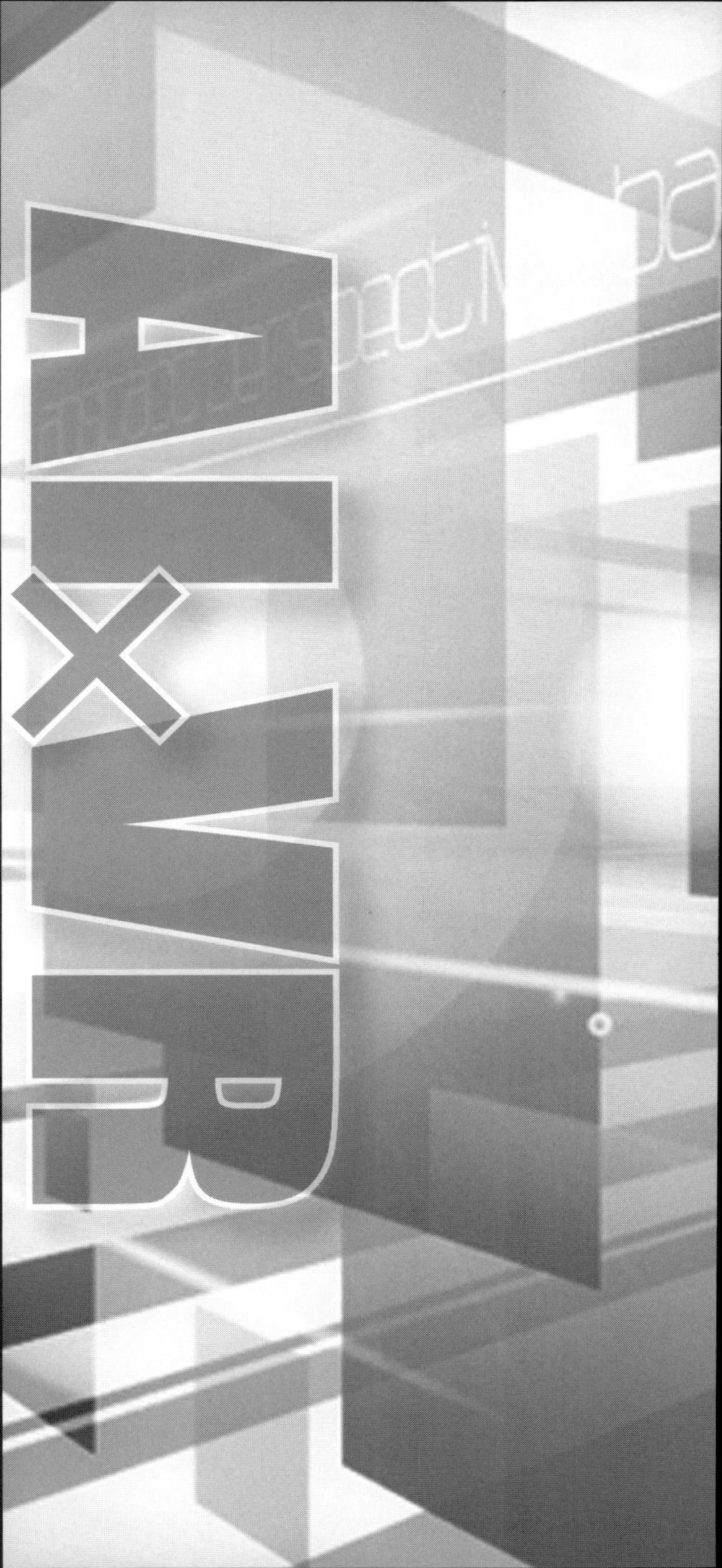

VRがメディアを根底から変える

第二章で第4次産業革命についてご説明しましたが、VRもその1つに含まれます。VRは、音楽、映画、ライブ、動画、写真、eラーニング、SNSなどあらゆるメディアを根底から違うものにしてしまいます。これはもう、メディアというよりは文化の在り方そのものが全く変わってしまう革命だと思っています。

今メディアといえば、単純な2Dや3Dが多いですが、単純な2Dや3Dですが、後ほど詳しくご説明しますがVR（Virtual Reality・仮想現実）、AR（Augmented Reality・拡張現実）、MR（Mixed Reality・複合現実）のテクノロジーが進化すると、それら全てがガラリと置き換えられます。AI（Artificial intelligence・人工知能）かIA（Intelligence Amplifier・知能増幅）の選択肢があるとすれば、VR（Virtual Reality・仮想現実）はSA（Sense Amplifier・感覚増幅）との選択肢になるでしょう。

少し話がずれますが、2016年アメリカの大統領選挙があり、当初泡まつ候補と言われていたトランプ氏が当選しました。マスコミはこぞってトランプ氏の行く末に悲観的な報道をしていましたが、なぜ勝利できたのでしょうか？　色々な理由が言われていますが、私は彼がＳＮＳ（彼の場合ツイッター）を巧みに利用し、多くの人の心をつかんだことが大きかったと思っています。

つまり見方を変えれば、マスコミ対ＳＮＳの戦いにおいて、ＳＮＳが勝ったともいえるのではないでしょうか。以前はマスコミを制するものが勝利するというのが常識でしたが、時代は変わったのです。

さて話を戻しますと、ＳＮＳが進化するとソーシャルＶＲになります。文字通り、ＳＮＳにＶＲを組み込むというものです。このソーシャルＶＲは今後、多くの人に多大な影響を与えるでしょう。それはＦａｃｅｂｏｏｋがオキュラスＶＲ社という会社に30億ドル（約３３００億円）を投資し、ソーシャルＶＲを開発していることでも分かります。ＦａｃｅｂｏｏｋはＶＲを組み込むことでよりファンを増やし、強固な存在になろうとしているわけです。

現在のＳＮＳはテキストや写真、動画で相手とつながります。しかしソーシャルＶ

Rになれば、仮想空間上でつながることになります。例えば食事をしている、スキーに来ているということをVRで相手に伝えることができるようになるわけです。つまり今までのリアル充実からバーチャル充実に変わるわけです。

そのために必要になってくるのが360度カメラです。このカメラで360度コンテンツを作るわけですが、まだ高価ですし使用方法も難しいものがあります。

しかし今後は360度カメラ付きのスマホも出てくるでしょう。そうすればソーシャルVRは一気に普及するでしょう。画面上でスクロールすれば、360度周りが見渡せますので、臨場感や没入感が違います。

そうなれば、SNSが人や社会に与える影響がさらに一段と高まります。

もう少しSNSについて付け加えておきますと、あなたは「インフルエンサー」という言葉を聞いたことがあるでしょうか。

今「インフルエンサー・マーケティング」というビジネスの手法が注目されています。インフルエンサーとは、Facebookなどの SNSで友だちの数が多く、影響力、拡散力のある人のことを言います。多額の費用を使って広告を展開することよりも、強力なインフルエンサーが1人いたほうが売り上げにつながると言われています。とにかく、ＳＮＳの力は計り知れないものがありますし、これからも益々拡大していくでしょう。

これらのことも頭の片隅に置いておきながら、本章を読み進めていただければと思います。

ＶＲの歴史

ＶＲの歴史と言いますと、古くはアメリカのアイヴァン・サザランド氏が１９６８年に発表した最初のヘッドマウントディスプレイである「ダモクレスの剣」がありましたし、１９８９年にはＶＰＬリサーチ社（社長ジャロン・ラニア氏）から「ＥｙｅＰｈｏｎｅ（アイフォン）」が９４００ドル（約１３２万円）で発売されました。日本では１９９０年代に任天堂が「バーチャルボーイ」というゲーム機を出しました。１９９４年にお台場のジョイポリスがオープンした時には、セガが「ＶＲ１」というアトラクションを出しています。

今は、ジョイポリスでは６人同時にできるゾンビのＶＲゲーム「ＺＥＲＯ ＬＡＴ

ＥＮＣＹ　ＶＲ」（ゼロ　レイテンシー　ヴィーアール）を提供しています。１回、１８００円か２０００円です。アメリカでは５０００円ぐらいです。先日、ジョイポリスの方にお会いした時に、「ＶＲアトラクションは、収益になっていますね」、「きちんと課金ができています」と言われていました。

これらのブレイクスルーはどこにあったかと言いますと、２０１２年に当時19歳だったパルマー・ラッキー氏という若い青年からです。自宅のガレージで１人こつこつとヘッドマウントディスプレイを組み立てていました。「ソードアート・オンライン」というゲームがあるのですが、パルマー少年はそれが大好きでその世界に入りたいがためにヘッドマウントディスプレイを開発しようとしたわけです。それがある程度できた段階で、アメリカのキックスターターというクラウドファンディングにおいて、「こういうものを作るのですが皆さん応援してください」と資金を募ったところ、最初に3億円ぐらい集まりました。それでまずＯｃｕｌｕｓ　Ｒｉｆｔ　ＤＫ１というヘッドマウントディスプレイを作りました。ＤＫ１というのはデベロップメントキットの略で、つまり開発者用のキットです。

そしてその翌年に会社化し、オキュラスＶＲ社を作りました。そこでＤＫ２というものを出したのですが、その時Ｆａｃｅｂｏｏｋに約３０００億円で買収されました。そして、彼の懐には８００億円もの大金が入りました。２０１４年のことです。

そんな彼ですから、今のＶＲ業界では結構神様扱いをされています。

彼は、２０１６年の9月に来日し、幕張メッセで開催された東京ゲームショウ２０１６に来場しました。その初日にソーシャルゲーム会社のグミが主催するパーティがあり、私も呼ばれて行ったのですが、パルマー・ラッキー氏も来られていて、初めてお会いさせていただきました。余談ですが、８００億円を手にした頃は少年の面影を残した優男でしたが、お会いした時はかなり太っておられました。とても24歳には見えない、40歳ぐらいの中年男性に感じました。「８００億円入ると、人間一気に変わるのか」、そんなふうに思ったことを覚えています。

ＶＲの現状

２０１６年はＶＲ元年でしたが、第２次ブームになります。第１次ブームは

１９９０年代にありました。ただこの時はあくまでもＶＲ研究という時代で、商品化もほとんどされませんでした。

しかし、今起こっているＶＲの第２次ブームとＡＩの第３次ブームは間違いなく終わらないと、私は見ています。なぜなら、その前のブームと違ってコンピュータスペックがものすごい勢いで進化しているからです。

なぜ２０１６年がＶＲ元年と呼ばれているのかと言いますと、ヘッドマウントディスプレイ（ＨＭＤ）が重要なポイントになります。

第１次ブームの時にも、ヘッドマウントディスプレイはありましたが、一部販売されたものは１００万円以上しました。２０１６年に没入感のあるＯｃｕｌｕｓ Ｒｉｆｔ、ＨＴＣ ＶＩＶＥ、ＰｌａｙＳｔａｔｉｏｎ ＶＲなどのハイエンドＶＲが出揃ったからこそ、この年がＶＲ元年と呼ばれています。

ＶＲとは、そもそも何かと言いますと、「自分があたかもその世界に入り込んだような体験ができる技術」です。見るのではなく、「体験するコンテンツ」を表現できます。先ほど言いましたように体験ができるということが一番大きな特徴です。

現在のものはまだ経過の途中であり、体験できるのは視覚と聴覚だけです。しかし、人間には五感がありますから、これが全てそろって体験できるものが完成したうえで初めて完全なＶＲができたと言えるるのです。

そういった意味でまだ途中経過なのですが、２０１７年にはハプティクス（触感フィードバック）という技術で、触覚を体感できるヘッドマウントディスプレイが出てくると言われています。例えばグローブ型のヘッドマウントディスプレイであれば、それで触ると握手やハグした感じが体感できるようになります。

私も講演会などでＶＲの話をすると「３Ｄテレビとどう違うのか？」という質問を受けることがあります。３Ｄテレビは数年前に家電量販店などでも一生懸命販売しましたが、全然売れませんでした。「それと同じじゃないか」と思っている人が結構います。そういった認識で、ＶＲに否定的な人もいます。

しかし、３ＤテレビとＶＲは全く違うものです。どう違うのかと言いますと、３Ｄテレビというのはあくまでも画面が立体的に見えるだけの話です。

でも横を向いたら映像はないわけです。ＶＲはヘッドマウントディスプレイを付けている限り、上を見ようが下を見ようが横を見ようが全て映像がついてきますので、リアルな体験ができます。これが3DテレビとVRの一番大きな差になります。映画館にも座席が揺れたりする4DXというのがありますが、あれも結局は横を見たらほかの観客が見えるだけです。しかし、VRは仮想空間を全て360度で再現できます。

VRが表現できる3つの感覚

では、VRでどのような感覚が表現できるかということをお話ししていきましょう。基本的にVRで表現できる感覚はこの3つです。

①「没入感」(immersive)
②「実在感」(presence)
③「現実感」(realistic image)

では順番に説明していきます。

まず①「没入感」ですが、ＶＲでは展開される世界に没入することができます。通常の映像ですと上や横を向けば、現実世界が目に入ってきて、仮想現実に浸ることができません。すぐに現実に引き戻されてしまいます。

結局、これまでの映像ではいくら解像度を上げても映像を豪華にしても、モニターサイズの関係でやはり没入感には限界があるわけです。

しかしＶＲですと、横を向こうがどこに目をやろうが、仮想現実がついてきますから、その世界にしっかりと没入することができます。

よく美術館などで、作品ができた当時にタイムスリップさせようと蝋人形などが置いてありますが、それなりの感情は生まれるもののしっかり没入できるかというと、そうではありません。しかし、ＶＲでその当時を再現した映像を見ればその時代にしっかり浸ることができ、タイムスリップしたような感覚を覚えることができます。

次に、ＶＲでは②「実在感」を表現することができます。

これは「ないものをあるように見せることができる」ということです。例えば、東京にいながらニューヨークに行ったような空間を演出することができるのです。また、前を向けば東京都庁の前にあるはずもない戦車が走っていたり、後ろを向けば新宿駅の前に飛行機が飛んでいたりするといった360度の映像を作ることもできます。

VRの場合、視覚の全てを映像が被いますから完全に脳に現実世界という錯覚を与えます。さらに3D立体の映像により、さらに錯覚が強まります。ですから実際にはないものが、まさに現実にあるように思えるのです。

最後に③「現実感」ですが、私たちが生きているのと同じ現実を演出できることはもちろん、進化したVRはもっと上の現実を表現することが可能になります。

今までのVRは「バーチャルリアリティ」、つまり仮想現実を見せてくれましたが、これからは「ビヨンドリアリティ（Beyond Reality）」、つまり現実を超えた空間を表現することができるのです。

これにより、例えばSF作品などをよりリアルに見ることができるようになります。大ヒットした映画『マトリックス』は、その映像の凄さから「映像革命」として評判になりましたが、それをさらに超える映像が表現されるようになるわけです。VRクリエイターたちは、こぞって「ビヨンドリアリティ」を目指しています。

以上がＶＲで表現できる3つの感覚ですが、向いているものと向いていないものがあります。向いているジャンルといえば、まずはホラーコンテンツでしょう。ＶＲでゾンビや人食い鮫などを表現すれば、とてつもない恐怖感を与えることができます。また、ものすごいスピードで飛ぶ飛行機や走る車など、人間に極限状態を感じさせるものはＶＲで表現するのに適しています。その他、戦争や地震、台風などの天災を表現するなら、ＶＲにかなうものはありません。

逆に向いていないジャンルといえば、まず「酔いやすいもの」になります。ＶＲはリアルすぎて、例えば周りがぐるぐる回っていると、すぐに酔ってしまい、気分が悪くなってしまいます。長時間遊びたいものにも向いていません。『スーパーマリオ』や『ファイナルファンタジー』などのゲームも疲れてしまって1時間もできません。長い間やるとヘッドマウントディスプレイの中で汗をかいたり、ディスプレイが曇ったりします。手元を見て操作しなければいけないものも、今のところＶＲに向いていないと言えます。

また、重要文化財などの設計図が残っていればＶＲで復元することもできます。例えば江戸城は設計図が残っていますので、ＶＲでリアルに再現することができるのです。

こういったことも、ＶＲが「文化革命を起こす」と言われるゆえんです。

映像は動く絵を作り、ＶＲは動く空間を作ります。今後、映像産業から空間産業に移行するスピードがどんどん加速していきます。テレビや映画、音楽、ＹｏｕＴｕｂｅなど全てが空間産業にとってかわられるのです。この流れをしっかりつかみ、ご自身のビジネスに活かそうとしなければ、時代に取り残されてしまうということを知っておいてください。

ＶＲの活用事例

今のＶＲの活用事例ということについてご説明します。現時点ではヘッドマウントディスプレイが普及していないこともあり、ＰｌａｙＳｔａｔｉｏｎ ＶＲでもゲームの大ヒット作は今のところありませんし、ＶＲコンテンツもまだまだ不足しています。ですから、スペースを活用した事例が非常に多いのが現状です。

例えば、２０１６年4月15日から約半年の期間限定で、ゲームセンターやテーマパーク運営事業を展開するバンダイナムコが開催したＶＲを体験できる「VRZONE」というＶＲエンターテインメント施設がありました。オープン前から予約が殺到し、オープンから1カ月先の予約枠全てが埋まるほど大きな人気を集めました。

また、２０１６年の4月に池袋のサンシャイン60の展望台がリニューアルした時「SKY CIRCUS サンシャイン60」というアトラクションが催されました。ＶＲと最新の４Ｄ体験によるスリルあふれる空の旅を体感できる『TOKYO 弾丸フライト』や、池袋の街を上空から颪を切って滑空することが疑似体験できる『スゥイングコースター』が設置されていました。こちらも大変な反響を呼びました。

２０１６年11月には、渋谷では初となるＶＲ体験型アミューズメントテーマパーク「VR SPACE SHIBUYA」がオープンしました。「ルームスケール」と呼ばれるＶＲ空間を自由に歩き回ることのできるＨＴＣ ＶＩＶＥにより、ＶＲを初めて体験する方でも楽しく遊べるスペースになっています。また２０１６年12月に、同じく渋谷の「アドアーズ渋谷店」の４階にＶＲエンターテイメント施設「VR PARK TOKYO」

がオープンし、多種多様なＶＲアトラクションが楽しめる新たなデートスポットとして注目を集めています。２０１７年夏には、期間限定で新宿・歌舞伎町の「TOKYO MILANO」跡地に、バンダイナムコエンターテイメントが、ＶＲをはじめとした最先端技術を活用したエンターテイメント施設「VR ZONE Shinjuku」をオープンいたします。

国立新美術館では２０１６年４月27日から８月22日まで、「360°RENOIR ムーラン・ド・ラ・ギャレット」というＶＲが体験できるコーナーを設置していました。これは、「ルノワール展」とハコスコがコラボレーションして３６０度動画を公開したのです。具体的にいいますと、ルノワールの代表作『ムーラン・ド・ラ・ギャレットの舞踏会』を３６０度映像にした作品を作成し ルノワールの描く絵画の世界に入り込んだような感覚になれるＶＲ作品となっています。

さらに、「The Night Café」というユニークなＶＲのアプリもあります。これは、ゴッホの作品に入り込むことができるＶＲアプリとなっています。ＶＲ空間に再現されたゴッホが生前通ったであろう「夜のカフェ」の中を歩きまわることができるのです。

VRの市場分析

2015年のTrendForce社の調査レポートによると、
市場規模は２０２０年までに７００億ドル（１２０円換算で８兆４０００億円）規模に拡大する見込みです。

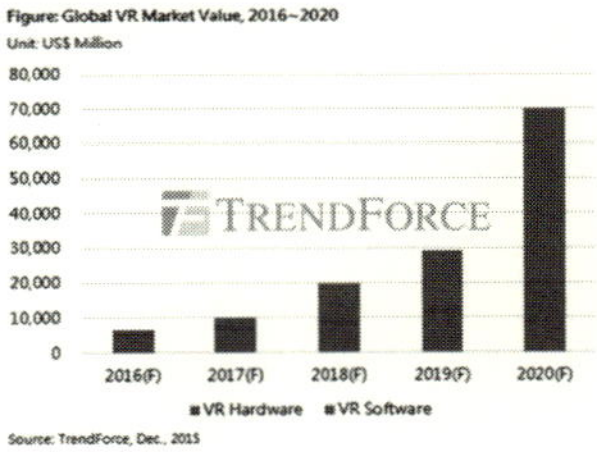

2016年のデバイスごとの分析
Google cardboard、Gear VRなどのモバイルVRが　78%
ハイスペックなPCが要求されるVRデバイス　17%
PSVRのようなコンソール型のVRデバイス　5%

ちなみにこのアプリは、オキュラスＶＲ社主催のゲームジャム「Ｍｏｂｉｌｅ ＶＲ Ｊａｍ」で、アプリ・エクスペリエンス部門のプラチナ賞、並びにコミュニティチョイス賞を獲得しています。

ＶＲの市場分析

ＶＲの市場分析ですが、色々な説があります。その中で、２０２０年に約8兆円の規模になるであろうという予測があります。さらにＡＲ（Augmented Reality・拡張現実）というのも市場を拡大していきます。これは人が知覚する現実の環境を拡張させるものです。２０２０年にはＡＲの市場が大体14～15兆円ぐらいになります。ですからＶＲとＡＲを合わせて20数兆円のマーケッ

現在はモバイル VR 中心

リーズナブル & ワイアレスな
デバイスの登場をきっかけに、
高品質な体験ができる
ハイエンド VR が拡がっていく

トが２０２０年までにでき上がるわけです。

今はモバイルＶＲというのが中心なのですが、これからはハイエンドＶＲというのがもっと軽量化して安価になれば、こちらの方が広がっていくと予測されています。

次ページの写真は、ＶＲ開発における色々な企業のポジショニングマップ（２０１６年は世界・２０１７年はヨーロッパ）になります。

１番下の段がハードウェアを作っている企業、真ん中がツールやプラットフォームを作っている企業、１番上がアプリやコンテンツを作っている企業になります。横軸はゲームやソーシャル、ヘルスケアなどになります。

これをパッと見て分かることは、今の世界のＶＲに関連した企業の状況なのですが、日本の企業が残念ながらまだ

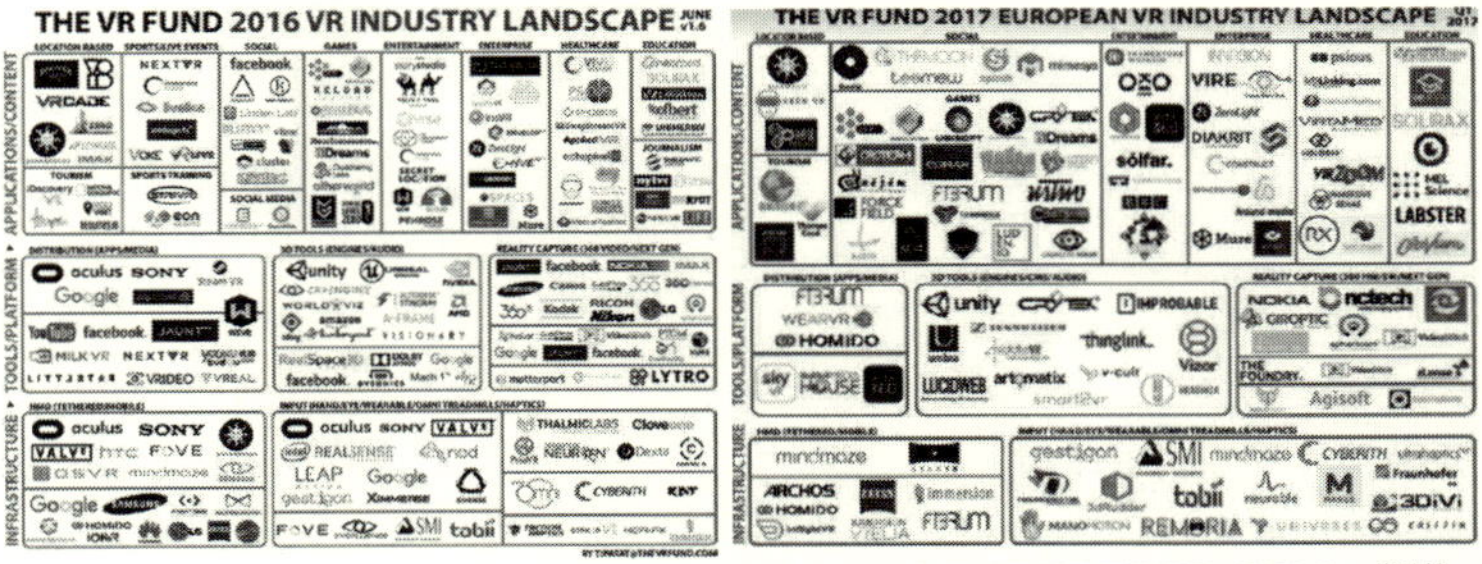

TIPATAT@THEVRFUND.COM　制作

まだ少ないです。あるのはＳＯＮＹ、ＦＯＶＥという日本のベンチャー企業とＮＩＫＯＮぐらいです。今のところ、アメリカの企業がメインです。

中国では、ＶＲの体験そのもの自体への需要は多く、特にＶＩＶＥカフェなどのＶＲアーケードやＶＲアトラクションなどの体験施設では成功を収めています。

気づいていない方も多いのですが、今は「体験に価値を置く時代」になりました。「モノ消費からコト消費」に移ったのです。この「コト」というのが体験になります。インバウンドで中国人が爆買いをしていましたが、それもだんだんなくなってきました。では、彼らは一体何にお金を使っているのでしょうか？　それは体験することです。重要文化財をはじめ滝や島を見に行ったりする、つまりそこでしか体験できないことに価値を見出しているのです。

勘のいい方はお気づきかと思いますが、こういったことにもＶＲの市場が広がる要因があります。名所旧跡を体験したいと思っても、忙しい方はなかなか時間を割くことができません。また遠方まで出かけるとなると、お金もかかってしまいます。当然、ＶＲで疑似体験をしたいという人も増えてきます。

さらに市場を拡大させるものに、博物館や美術館、レストラン、クラブ、ドライブイン、ゲームセンターといったスペースを使ったビジネス一般の集客やリピーターづくりとして、ＶＲを活用するということがあります。

例えば、レストランですと「お米は南魚沼産を使っています」ということをＶＲで表現するのです。さらにシェフが料理している様子や、店内の空間を３６０度カメラで撮影・編集し、ＶＲコンテンツにするのです。前にもお話ししましたが、ＶＲは「没入感」を表現できますから、見た人に「行ってみたい」「また行きたい」という気持ちにさせることができます。

まだそういったことを本格的にやっているところはありません。スペースを使ったビジネスは、何といっても集客が重要です。そのため多くは高い広告費を払ったりしています。しかし、没入感あふれるＶＲさえ作れば集客力が抜群ですので、そんなお金を使うこともなくなります。

ヘッドマウントディスプレイ、最前線

次はヘッドマウントディスプレイの最前線についてご説明します。次頁の表はどう見るかと言いますと、上から機能的、あるいは解像度的に低いものから高いものになります。ローエンド、ミドルエンド、ハイエンド、スーパーハイエンドと分けられています。

この「ＨＭＤの最前線」という表の中にある、縦の項目のコネクトというのは、何に接続されて動くかということを表しています。モバイルＶＲは基本的にスマホに接続されて動きます。ハイエンドＶＲは、ハイスペックなパソコンなどに接続されて動きます。もう1つ、今大きな流れとしてオールインワンＶＲというのがあります。こ

HMDの最前線

コネクト ＼ カテゴリー		モバイルVR	ハイエンドVR	オールインワンVR
ローエンド	スマホ	ハコスコ GOOGLE CARDBOARD		
ミドルエンド	Daydrem Ready Galaxy	Daydream Gear VR		
	PCもスマホも 必要なし		Oculus Rift HTC VIVE	IDEALENS Project Alloy
ハイエンド	ハイスペックPC			
	PlayStation4		PlayStation VR	
スーパーハイエンド	スーパー ハイスペックPC		StarVR Glyph	

れは一体型ＶＲというものですが、これはもうスマホもパソコンもいらないというものです。その単体でＶＲが再現できるというもので、２０１７年に各社から発売される予定です。中国製のＩＤＥＡＬＥＮＳは、出展した東京ゲームショウ２０１６では、大変な人気で３時間待ちでした。

　ローエンドのモバイルＶＲにはハコスコがあり、こちらは日本の会社が開発したものです。Ｇｏｏｇｌｅは Ｇｏｏｇｌｅ Ｃａｒｄｂｏａｒｄを発売しています。これは世界で大体５００万個以上売れています。段ボールや紙でできているものですが、Ａｍ ａｚｏｎなどで１０００円から３０００円ぐらいで買えます。ミドルエンドのモバイルＶＲは、２０１５年に出たＧｅａｒ ＶＲが有名で、サムスンとオキュラスＶＲ社が共同開発したものです。こちらも世界で５００万台以上売れています。ただ、この製品の弱点はＧａｌａｘｙにしか対応していないということです。他のアンドロイドのスマホやｉＰｈｏｎｅには対応していません。２０１６年に発売されたＤａｙｄｒｅａｍ Ｖｉｅｗというのもモバイル ＶＲに属します。これはＧｏｏｇｌｅが開発したものです。現在、モバイルＶＲの５大プラットフォームと言われているのは、Ｇｅａｒ ＶＲ、Ｄａｙｄｒｅａｍ、シャオミー、ファーウェイ、そして２０１７年に発売予定のＨＴＣ ＶＩＶＥのモバイルＶＲになります。

Ｐｒｏｊｅｃｔ Ａｌｌｏｙ（プロジェクトアロイ）というのはインテルが今開発しており、２０１７年に世に出ます。こちらはオールインワンＶＲになります。また、ＶＲだけではなく色々な組み合わせがあり、例えばＶＲ×ドローンという商品もあります。これは、ヘッドマウントディスプレイのカメラがドローンのカメラと連動していて、飛ぶ鳥の視点を味わえるＶＲゴーグルドローン『ＦＬＹＢｉ』という商品です。

ＶＲの今後注目される領域

ＶＲの今後注目される領域ですが、何度も言いますように今のところはこれといったゲームとかアプリのヒット商品はまだありません。今のところマネタイズしやすいのは、キャラクターやＩＰ（Intellectual Property・知的財産）と言われるもののＶＲ化ではないかと思います。それを実現させるために、今、私の会社にはＶＲのクリエイターチームがパートナーも含めて３つあります。

１つはモデリングと言われる３Ｄのソフトである Ｍａｙａ や Ｂｌｅｎｄｅｒ などを使えるチームです。これを使えばＣＧも作れます。

２つ目はプログラミングチームです。ＶＲ開発の場合はＵｎｉｔｙとＵｎｒｅａｌ Ｅｎｇｉｎｅというゲームエンジンを使うのですが、これらのゲームエンジンを使いこなせる人が集まったチームです。

３つ目は実写系チームになります。ＶＲはよく仮想現実と言われますが、ＣＧで作ったものだけではありません。現実の空間を３６０度カメラで撮影・編集したものを

３６０度コンテンツのＶＲと言います。これをヘッドマウントディスプレイで見ることができ、体験することができます。この３６０度カメラを使いこなせる人が、残念ながらまだまだ非常に少ないのが現状です。一般的なビデオカメラや写真のカメラとは違って据え置き型なので、撮影や編集の仕方というノウハウが必要になります。（私は３６０度カメラを使いこなせる人を養成するための講座を開く予定です）それができるチームが３つ目の実写系チームなのです。

あなたが何か「こんな知的財産、こんなキャラクター、こんなＩＰがあります」ということを言っていただければ私のところでＶＲコンテンツを制作することができます。さらに、それをジョイントベンチャーで現実にシェアすることも可能です。ＶＲでマネタイズを考えるのであれば、この方法が一番早いと思います。

現在は、ＶＲの３６０度カメラなどもそうですが、基本的に解像度は４Ｋが主流です。それが、２０２０年の東京オリンピックに向けて、カメラが８Ｋになります。これは今パナソニックが開発中ですが、おそらく２０１８年頃に完成します。その年には８Ｋのテレビ放送がＮＨＫで始まります。今４Ｋのテレビを持っていない人も多いと思いますが、もう来年には8Kになるのです。それが発売になって2020年東京オリンピックを観ようというわけです。

VRにおいても、まずは視覚が8Kになるわけです。8Kというのはほぼ人間が持っている目の最大の現実を映し出すことができます。今までのフルHDで1万人のコンサートを撮った写真があったとしたら、細部へズームアップすると正確に写っていません。それが4Kになるとズームアップをしても1人ひとり顔が判別できるのです。8Kになりますとズームアップしなくても1人ずつの顔が判別できます。もう全くごまかしがきかないようなレベルになってしまうわけです。

10Kは個人的には意味がないと思っています。なぜなら、人間は8K以上を区別することができないからです。極端な話、8Kと10Kが同じに見えるのです。

VRビジネスのマネタイズの方法

では、VRをいかにしてお金に結びつけるかという視点でお話ししていきましょう。

（私の会社で実際にやっていることは、後ほど具体的にご説明します）

今の時点というお断りを入れて話を進めさせていただきます。まずＶＲが向いているビジネスは何かと言いますと、やはりスペースを活用したものになります。また、スーパーカーや高級車、分譲マンション、ビル、戸建住宅などの不動産、病院や医療法人向けの医療機器、レストラン、ホテルなどのプロモーションや販売促進では、ＶＲにかなうものはないと言っていいでしょう。

先ほどお話ししました「没入感」「実在感」「現実感」が他のものとは次元が違いますから、ユーザーに正確な情報を提供できるとともに、購買意欲を掻き立てることは間違いありません。

私の会社でもＶＲを使っての分譲マンション、ビル、戸建住宅などの不動産売買に活用する不動産ＶＲシステムの開発や、病院、医療法人向けの高額な医療機器の販売代行やプロモーションを行なっていますので是非お問い合わせいただければと思います。

ここで１つ成功事例をご紹介します。現役のプロのレーシングドライバーが監修しているドライビングＶＲシミュレーターです。私の会社でも販売のお手伝いをさせていただいています。その精度は高く、鈴鹿サーキット1周5・8キロメートル強をプロのレーシングドライバーが本物のレーシングカーで走るタイムと、同じドライバーがドライビングVRシミュレーターで走るタイムとではわずか0・1秒しか変わらないという優れもので、加速する時やコーナリングの時にはGも体感できます。

ドライビングVRシミュレーターを導入いただいたスーパーカーや高級車を販売しているディーラー様や販売会社様は、お客様に試乗会にてこのシミュレーターを同時に体験していただくことで、販売の成約率が大幅にアップし、驚異的な営業成績を上げられています。

このドライビングVRシミュレーターに興味があるスーパーカーや高級車のディーラー様、販売会社様がいましたら、私の会社までお気軽にお問い合わせいただければと思います。ドライビングVRシミュレーターの体験会も無料で実施しております。フェラーリやランボルギーニなどのスーパーカー、ポルシェ、ベンツ、BMWなどの高級車のオーナーの方々からも絶大な人気を誇り、自宅用としてもご購入いただいております。

こういった業種の方は、一刻も早く手を打っておくべきです。今なら、ライバルに差をつけることもできますし、先行者利益も獲得できるでしょう。

次に漫画や特撮などのキャラクターのコンテンツのＶＲ化も非常に高いニーズがあります。こちらに関しましては、すでに私の会社でも取り組んでおり、後ほど詳しくお話しします。

また、ショッピングモールやデパートなどにＶＲのアトラクションやシミュレーターを設置すると、大変な集客力を発揮します。先にもお話ししましたが、サンシャイン60などに設置されたＶＲアトラクションは凄い人気を博しました。集客というよりも、自然と周りにお客様が集まって来る「周客」という感じです。

ゲームセンターにＶＲのゲームを置くと高収益を呼びます。普通のゲームですと１回１００円や２００円程度ですが、ＶＲのものだと１０００円や１５００円でも、今ならお客様は喜んでやってくれます。

こんな感じで例を挙げてみましたが、何度も言いますようにあなたのビジネスにもＶＲは活かすことが可能ですし、興味がおありでしたら是非ご相談していただければと思います。

現在、ＶＲが登場している分野といえば、まず入力デバイスやコンピュータビジョン、モバイルＶＲなどですが、その他にもいろいろと開発されてきています。

例えば、開発ソフトウェアやフォトグラメトリー（写真測量）などのプラットフォームやツール、ゲームやアニメーション、教育などのコンテンツ、医療やヘルスケア、アナリティクスなどのエンタープライズです。

ただ、ＶＲは先ほどお話ししたスペースを使ったビジネスのプロモーションなどと共に、「エンターテインメント」に大きなポイントがあることは疑う余地がないところでしょう。

映画産業のメッカであるハリウッドもＶＲ映像に投資を始めました。ルーカスフィルムの新設部門であるＩＬＭ×ＬＡＢが、ヘッドマウントディスプレイを使ったＶＲ版スター・ウォーズ『ＳＴＡＲ ＷＡＲＳ Ｔｒｉａｌｓ ｏｎ Ｔａｔｏｏｉｎｅ』を公開しています。映画『スター・ウォーズ　フォースの覚醒』を元にした３Ｄモデルを使い、映画と同じＳｋｙｗａｌｋｅｒ Ｓｏｕｎｄが３Ｄ音響を担当したリアルな環境で、３６０度３Ｄの仮想スター・ウォーズの世界に没入できます。ＶＲコントローラーを使い、ライトセーバーを自在に振る体験が可能です。ＩＬＭ×ＬＡＢは、Ｈ

ＴＣ　ＶＩＶＥの他、最新の技術を使い、ＶＲなどの「イマーシブエクスペリエンス」を専門に扱っています。

オキュラスＶＲ社の子会社でＶＲ映画を専門に制作するオキュラス・ストーリー・スタジオが、映画『Ｈｅｎｒｙ』のトレーラー動画を公開しています。

これからカメラは４Ｋから８Ｋになっていきますから、こういった形で制作されるＶＲも大変な臨場感を与えることでしょう。

前にお話ししましたように「体験に価値を置く時代」になりましたから、体験ＶＲの需要もどんどん増えていくはずです。またＶＲは教育の分野にもシェアを広げていきます。

ＶＲツールも色々なものが登場しています。例えば、仮想空間の中で彫刻ができる「Ｍｅｄｉｕｍ」というツールです。このツールは３Ｄデータとして出力することができますし、３Ｄプリンターなどにそのまま立体物データとして受け取ることもできます。また、「Ｔｉｌｔ　Ｂｒｕｓｈ」という仮想空間の中で絵が描けるツールも出ています。

テレビの世界でも当然ＶＲの世界に進出しています。「ジョリーグッド」という会社では、「〝ＶＲ×テレビ〟で、地域を笑顔に」というコンセプトで、放送局向けのＶＲコンテンツの制作から配信まで低予算のソリューションである「Ｇｕｒｕ　ＶＲ」の提供を行っています。２０１７年には、ＫＴＳ鹿児島テレビと共同で「ＫＴＳ　ＶＲ」というＶＲサービスを開始しました。また２０１６年の年末にはサントリーが主催する「サントリー１万人の第九」のＶＲを公開しました。第九が演奏される様子が会場のどこからでも３６０度見ることができるというものです。

ＶＲ婚、日本ＶＲ協会、空飛ぶ車ＶＲシミュレーター

私の会社では、ＶＲに無限の可能性を感じ、様々なビジネスを展開しています。ここではその中でも「ＶＲ婚、日本ＶＲ協会、空飛ぶ車ＶＲシミュレーター」についてご説明していきたいと思います。

まずは、ＶＲで結婚式の映像を残すサービス「ＶＲ婚」です。こちらは登録商標も既に取得済みです。結婚式の時、今までは写真かビデオで残すしかありませんでした

が、ＶＲで残すというサービスを始めています。ビデオで残すのと同じ料金であれば、結婚式の思い出をＶＲで残したいという人もいると思いますので、このような事業を結婚式場やホテルと一緒に進めています。

結婚式、披露宴、二次会の様子を３６０度カメラで撮影することで、今までにない記念アルバムを残すことができます。

また、この他にも結婚式場などと共同で様々なサービスをやっています。

例えば、結婚式をやる場合、ほとんどの人は初めてですので、式の当日になってみないとわからないことも色々あり、あたふたしてしまうこともあります。そうならないために、ＶＲで式の流れなどをシミュレーションしていただくサービスも行っています。ＶＲでリハーサルをできることで、事前に結婚式をリアルに体感できますので、余裕をもって式に臨むことができます。

さらに、ＶＲでリアルな式場選びもお手伝いさせていただいています。勤めている方ですと、どうしても式場を見に行くのは土日、もしくは祝日などになってしまいますが、そういった日は当然、式場は結婚式が行われており、なかなかじっくり見ることができません。式場内や二次会の会場の中をＶＲにして、リアルな式場選びの参考にしていただいています。

次に、私は「日本VR協会」を立ち上げました。「VRに興味がある」「でも何もしていない」という人が非常に多いのが現状です。そういった人たちのお役に立てないかとこの協会を作りました。

VRの360度コンテンツを作るためには、まず360度カメラで撮影しなくてはなりません。このカメラは通常どこかに置いた形で撮影します。しかし、その場合撮影している人が写り込んでしまいますので、リモコンで遠隔操作をする必要があります。空間に動きが欲しい時はラジコンに360度カメラを設置し、同じくリモコンで操作します。これを編集すると迫力あるものができます。

さらに撮影した映像をVRに変換するスティッチングという技術も重要になりますが、これら一連の作業ができる人は、まだまだ少ないと言えます。

また、本格的なVRの技術者になるためには、MayaやBlenderを使った3DCGのモデリングの制作技術やUnityやUnreal Engineを使ったプログラミングの開発技術も修得しなければなりません。当協会は、VR業界発展のために、ご希望の方にこういった技術をお教えしています。

何度も言いますがＶＲには無限の可能性があり、今大変なチャンスを迎えています。にもかかわらず、ほとんどの人や企業は何もやっていません。この協会では、そういったことも啓蒙していきたいと思っています。

あなたは２０１７年に「空飛ぶ車」の試作品ができることをご存知でしょうか？もうまさにＳＦの世界を体現する時代がやってきたのです。

例えばフランスの大手航空会社Ａｉｒｂｕｓ（エアバス社）では、シリコンバレーを拠点とする同社のイノベーション担当グループＡ３が、Ｖａｈａｎａというプロジェクトを進めており、２０１７年中に試作品第1号を完成させると言っています。

２０１７年2月には、ドバイの道路運輸局が、開催されたＷｏｒｌｄ Ｇｏｖｅｒｎｍｅｎｔ ＳｕｍｍｉｔＣｏｎｆｅｒｅｎｃｅで、「空飛ぶドローン・タクシー」の計画を明らかにしました。1回の充電で50キロほど飛ぶことができ、最高速度は時速１６０キロだそうです。

タクシー配車サービスのＵｂｅｒは、空飛ぶタクシー計画「Ｕｂｅｒ Ｅｌｅｖａ

te」を２０１６年10月に発表しました。それによれば、地上の車ですと例えばサンフランシスコからサンノゼまで2時間12分かかるところを、空飛ぶタクシーならわずか15分で移動できるそうです。

こちらは、１回の充電で１００マイル（約１６０キロ）を時速約２４０キロで飛行します。Ｕｂｅｒでは、初乗り代金を「１２０ドル（約1万３０００円）」から開始し、さらには将来的に20ドル（約２１００円）にまで抑えたいと言っています。

1万３０００円でも乗ってみたいと思いますが、あなたはいかがですか？

なぜ、空飛ぶ車の話をしたかと言いますと、当然こちらもＶＲに関係しています。つまり、空飛ぶ車ができたとしても一般の方が乗ることができるようになるのは、まだまだ先のことになるでしょう。ですから、空飛ぶ車に乗った時の仮想現実を体感できるＶＲを作ろうと思っています。つまり「空飛ぶ車ＶＲシミュレーター」です。

ＶＲ×キャラクターの企画開発

さらに、今力を入れているのはアニメや特撮です。漫画家の先生と組んで漫画のキャラクターをＶＲ化するということもやっています。まずはクラウドファンディングで資金を集めてみて、足りない部分は私の会社が出資するという形で実際にプロジェクトを企画しています。

ＶＲに向いているコンテンツとしましては、３つ挙げられます。

①コンテンツの世界感がＶＲかそれに近いものである。

例：『攻殻機動隊』や『ソードアート・オンライン』など。

『攻殻機動隊』は未来を舞台にしたＭＲやＡＲの表現がふんだん取り入れられたアニメであり、『ソードアート・オンライン』は仮想現実のゲームを舞台にしたものです。これらのような設定がＶＲと親和性の高いコンテンツのものがＶＲ化されています。

②スケール感が体感できるもの。

例：『進撃の巨人』『シン・ゴジラ』『アクエリオン』など。

巨大なモンスターとの戦闘をテーマとした作品もＶＲに向いていると言えます。作品を知っている多くの方が、実際のモンスターやロボットを間近で見てみたいと思うものです。このように普段では体験できないスケール感を持つ作品もＶＲ化に向いています。

③バーチャルアイドル

例：『初音ミク』など。

「このキャラクターに会いたい」と思わせる、アイドルやカリスマ性の高いキャラクターをＶＲ化することで、実際に会っているような仮想体験をさせるコンテンツもＶＲ化されています。

亡くなったスターの方の映像でも、興味深い実写系×ＣＧのＶＲができます。日本で言えば尾崎豊さんとか、世界的に言えばジョン・レノンやマイケル・ジャクソンなどをＶＲ化するのです。残っている映像の視野角が30度であれば、残りの３３０度をＣＧで作るわけです。そうするとマイケル・ジャクソンとあたかも踊っている、一緒に歌っている、お茶を飲んでいるということがＶＲでリアルに表現できるわけです。そういったＶＲができればファンの方はたまらないはずです。一緒にいるかのような感覚を覚えることができますから。

実際に『バーチャル・マイケル』というＶＲがあります。マイケル・ジャクソンのデジタルコンテンツに関しての権利はジェームズ・キャメロン監督の会社が持っています。『アバター』や『タイタニック』で有名な監督です。

キャメロン監督がマイケルを10Ｋで撮ったＶＲのデモを見たことがあります。製作費が10億円かかったそうです。これはマイケル・ジャクソンの残っている映像に、今生きているダンサーを組み合わせて作っています。10Ｋという凄い解像度から、言うまでもなく非常に映像がリアルです。

言うまでもありませんが、今生きている現役スターのＶＲであれば３６０度カメラで撮影・編集することで比較的簡単に、しかも安価でできます。

魅力的なキャラクターのＩＰ（Intellectual Property・知的財産）をお持ちの方がおられましたら、是非ジョイントしてＶＲ×キャラクターのＶＲコンテンツを企画・開発できればと思います。ご連絡お待ちしております。

VRのロードマップ

VR元年の2016年、まだヘッドマウントディスプレイが大型で重いという欠点があります。VRの歴史はすでに50年ぐらいあるわけですが、これに並行して今動いているのが繰り返しになりますが、AR（Augmented Reality）、いわゆる拡張現実というものです。その元年は2019年と言われています。

さらにその先に複合現実であるMR（Mixed Reality）があります。その元年は2022年と予測されています。その元年は2022年と予測されています。

これを言い換えますと、まもなくものすごく大きなチャンスが到来するということです。なぜなら、前にもお話ししましたように2020年にはVRとARで二十数兆円のマーケットができると言われていますし、MRが現実になったら世界中で数百兆円という超巨大マーケットができ上がるからです。

そもそもARとは何かと言いますと、ポケモンGOみたいなものがそれにあたります。ARの先端を行っているマジックリープという会社がありますが、AR開発で

２６００億円以上も集めています。その会社はどういうことをやっているかと言いますと、要するにもはや３Ｄの眼鏡やヘッドマウントディスプレイなどがなくても体感することができる拡張現実を目指しているのです。

マジックリープは、現実の空間のところにもう１つの現実を挿入できる技術を開発しました。例えば、普通の体育館にクジラが出てくるというようなＡＲの動画などです。この会社は、この動画だけで６００億円集めたそうです。あのＧｏｏｇｌｅも数百億円を出資しています。この会社はプロダクトを一切発表せず事業内容もほとんど公開していません。公開しているのは動画だけです。それで２６００億円以上も集めたのですが、業界では「謎の会社」と言われています。

このマジックリープをはじめ、色々な会社が目指している世界をご説明します。例えば今ＦａｃｅｂｏｏｋではＶＲの中で「いいね！」を押すことはできますが、テキストを書き込むことはできません。２０１６年に開発者版が３０００ドルで発売された、マイクロソフトが開発したＡＲのデバイスであるＨｏｌｏＬｅｎｓも、テキストを入力したりすることはできません。

それがMRになるとディスプレイが出てきて、希望の商品をタッチして3Dで目の前に現わしたりとか、その場でECサイトみたいに色々注文できたりとか、お店の予約ができるようになります。こういったMRができると、もはやもうパソコンやスマートフォンが必要なくなります。

色々と斬新なことをやっているマジックリープですが、フィナンシャル・タイムズ紙によると企業価値は5000億円以上になっています。最近MRのデバイスで「Linq」（リンク）というものが出ましたが、要するに現実の空間に色々な敵が現れてそれをシューティングできるというものです。MRのヘッドマウントディスプレイというものも2017年に発売になります。これが8Kになったら、現実の人とキャラクターの差が分からなくなってしまいます。つまり仮想からどんどん現実になっていくわけです。

マイクロソフトが考えているMRの世界は、先ほどお話ししましたHoloLensというARのヘッドマウントディスプレイです。マイクロソフトもARの先に考えているのがMRの世界です。

例えば、倉庫の空間のレイアウトを東京にいる女の子が考えているとします。家具や机など、色々なものを配置したり、また直したりすることができます。また、「自分ではいいアイデアが思い浮かばないので、誰か相談できる人がいないか」という場合に助けてくれるのが、ＡＩアシスタントです。ＡＩアシスタントに相談すると、ＶＲ、例えばＨＴＣ ＶＩＶＥというヘッドマウントディスプレイで楽しんでいる人がニューヨークにいて、彼の意見も聞きたいのでアバターとして参加してもらうみたいな感じです。また、シンガポールでＨｏｌｏＬｅｎｓというＡＲのヘッドマウントディスプレイで楽しんでいる人にも参加してもらい、全然違う場所にいる人と、あたかも目の前にいるようにディスカッションができるのです。

ＶＲ・ＡＲ・ＳＲ・ＭＲの違い

２０１６年がＶＲ元年だったわけですが、これは一時的なブームではありません。ＶＲは、ＡＲ、ＳＲ、ＭＲへと進化していく大きなイノベーションの序章なのです。この先、あなたが今想像もしていないような世界が展開されます。

講演会などでも、この４つの違いがよく分からないということを聞きます。本章の最後に、このことについてご説明したいと思います。

・VR（Virtual Reality・仮想現実）
・AR（Augmented Reality・拡張現実）
・SR（Substitutional Reality・代替現実）
・MR（Mixed Reality・複合現実）

まずＶＲは１００％仮想の空間を作り出したり、現実と同じぐらいのクォリティで空間を作ったりすりものです。次に、ＡＲは「現実の中に仮想現実の要素を組み込む技術」です。そのため、現実を拡張する拡張現実と呼ばれています。例えばスマートフォンなどのデバイスを使って現実世界の空間にバーチャルな要素を出現させるのです。こうやって表示されるＡＲの映像はマーケッティングシーンで大変な力を発揮しますのでイベント会場などでのプロモーションや販売促進によく活用されています。

そしてSRは、現実世界と１００％仮想空間の間に位置するものです。つまり、ヘッドマウントディスプレイで最初は現実の世界を流し、途中でバーチャルな映像に切り

替えたりするものです。クォリティの高いものですと視聴者は、現実と仮想が入れ替わったことに気が付きません。

ＭＲの説明の前に、初めてお話ししますが、この他にも「ＡＶ（Augmented Virtuality・拡張仮想）」というものがありますので、こちらについてご説明しておきます。

ＡＶは、簡単に言えばＡＲの逆です。ＡＲが「現実の中にバーチャルな要素を取り入れる」のに対し、ＡＶは「バーチャルな空間の中に現実の要素を重ね合わせるもの」です。仮想を拡張するということで拡張仮想と言われています。

ＭＲはこれら「ＶＲ」「ＡＲ」「ＳＲ」「ＡＶ」を全て包括的に表現できる技術になり

ます。仮想空間を現実空間に重ね合わせた空間を違和感なく体験することができるのですが、マイクロソフトやキャノンなどが積極的に開発・研究を行っています。ちなみにバーチャルに比重を置いたものがＡＶ、現実を主体としたものがＡＲになります。

ＶＲ、ＡＲ、ＳＲ、ＡＶ、ＭＲという区別がなくなり、当たり前になるＳＦのような近未来はすぐそこまで近づいているのかもしれません。

第4章

AI×VR

ビジネス成功の4大要素

前に紹介しました若くして800億円を手にしたパルマー・ラッキー氏、間違いなく天才でしょう。しかし、残念ながらこういったスケールの大きい天才は、日本にはなかなかいません。

ワークスアプリケーションズ主催の「COMPANY Forum2016」で講演をした前述のレイ・カーツワイル氏の話を聞いた時もそう感じました。レイ・カーツワイル氏は稀代の天才だと思います。ところで天才や才能とは、どんな要素で構成されているのでしょうか。

商品やサービスを作ってヒットさせるためには、4つの要素が必要になります。

1つ目は、「エンジニア」です。これはプログラマーだったりシステムエンジニアだったりする場合もあります。

2つ目がこれはウェブデザイナーや、何かリアルなものを作るのであればプロダクトデザイナー、インテリアデザイナー、ファッションデザイナーなどです。この2人がいるとほぼ何でも作ることができます。アプリも作れますし、ツールも作れます。洋服も作れますし、椅子も机も車も作ることができます。

ところがこの二人だけで作ったものはなかなかヒットしません。ではどのような人が必要かと言いますと、「アーティスト」ということになります。例えば、Ａｐｐｌｅの創業者であるスティーブ・ジョブズのポジションです。

ｉＰｈｏｎｅというのは、おそらく富士通やシャープなど、他のメーカーが最初に作っていたらここまで大ヒットしなかったと思います。ジョブズが発案したあのデザイン、あの形、あの薄さだったからこそヒットしたのではないでしょうか。「ヒットするデザイン」を極限まで求めたスティーブ・ジョブズが何百回も社員にやり直しを命じたため何百人も辞めていったという伝説があります。

エンジニアとデザイナーの２人で作ったのでは、あのフォルムには絶対になっていなかったはずです。なぜなら、当時の携帯電話というのは二つ折りとか、そういった一定のデザインに決まっていましたが、アーティストがいなければそのフォルムを打ち破ることは困難だと思うからです。ですから、ｉＰｈｏｎｅのような斬新なデザインを生み出すためにはアーティストの力がどうしても必要なのです。

デザイナーというのはどういう存在かと言いますと、世の中に対して役に立つものを提供するのが仕事です。アーティストは基本的に役に立つものは提供しません。歌手や画家などは、アーティストの部類に入ります。特にいなくても生活には困りませんが、でもこの人たちは感動という目に見えないものを与えます。

感動を与えるからこそ意味があるわけで、ピカソの絵が1枚100億円で売れたりするわけです。しかし、ピカソの100億円の絵があなたの家にあったとして、果たしていかがでしょうか？　確かに感動はしますが、それで何か生活に役立っているわけではありません。

しかし、何かを作る時、感動を与えるということは非常に重要です。感動がないと今は何を作っても、全く売れない時代なのです。この前も秋元康氏が、「太陽光線を虫眼鏡で集めるようにかなり絞り込んで、『どこから火を点けたいのか』という明確なターゲットがあり、そこまでしないと発火しないし、ブームが生まれない」と言われていました。虫眼鏡で太陽の光を集めて一点に集中すると火が付きます。ターゲットを絞りに絞って、コンセプトも絞りに絞って物作りをしなければ、人を感動させることはできず、なかなか売れないという意味です。また、映画でもＣＤでも洋服でも何でもそうですが、売れるものはとことん売れる、売れないものはとことん売れない。真ん中の小ヒットや中ヒット、スマッシュヒットというのがない時代になりました。

そして最後の４つ目が「サイエンティスト」です。今の言葉で言うとデータサイエンティストと呼ばれる人たちです。数年前にビッグデータということが盛んに言われましたが、なぜここにきてまた再び注目されているかと言いますと、ＡＩのディープラーニングの技術ができたことでビッグデータの解析が可能になったからです。

ビッグデータだけがあっても、それだけでは意味がありません。それを解析して分析できる技術を持っている人がいて初めてビッグデータは意味を持つのです。ただ、本当の意味での人工知能の技術者が、今すごく少ないのが現実です。後で説明しますが、ＴｅｎｓｏｒＦｌｏｗ（テンソルフロー）などの様々な人工知能のソフトウェアライブラリだけを学んでも本当の技術者とは言えません。学んだうえで、自分の会社や業界、仕事のデータをその技術によってきちんと解析して、学習して何らかの形で提案できるようなものが作れるようにならない限り意味がないのです。

以上の「エンジニア」「デザイナー」「アーティスト」「サイエンティスト」の能力を持った人が集まらなければ、中々成功できません。

私は先にパルマー・ラッキー氏をスケールの大きな天才だとお話ししましたが、その理由は、彼1人でこれら4つの要素を全て持ち合わせているからです。そういった意味の天才は、日本人にはほとんどいないのではないでしょうか。

ですから今、私は優秀なエンジニアやデザイナー、アーティスト、サイエンティストと契約して、チームを幾つか作って色々なプロジェクトをやっているわけです。これはスカンクワークス型というやり方です。言い換えると少数精鋭主義ということになります。

4人ぐらいの最小人数で世の中をひっくり返すようなことが、優秀な人がいれば可能です。先に述べたそれぞれ4つの能力を持つ4人が集まれば、もうお金をかけなくても、どんどんヒットする商品やコンテンツを作れるのです。

変化するビジネスの世界

日本のビジネスの一般的な流れとしましては、まずビジネスモデルを考え、資金調達を行います。自己資金があればそちらでスタートしますが、ない場合はパワーポイントなどで分厚い事業計画書や収支計画書などを作成し、金融機関やＶＣ（ベンチャーキャピタル）に提出し融資や出資を受けることからスタートするのが通常のパターンです。ベンチャー企業も同じ流れです。そして、それから商品を作り販売します。

しかし、シリコンバレーなどでは、現在多くはそのような流れでビジネスをやっていません。ではどうやっているのかと言いますと、最初から商品を作ってしまうのです。もちろんデモや試作品です。先ほどお話ししたパルマー・ラッキー氏も結果的にそうでした。彼も事業計画書などを作成して金融機関から融資を受けてビジネスを始めたわけではありません。

本格的に商品化を行うためにはもちろん資金が必要になります。金融機関で融資を受ける場合もありますが、クラウドファンディングを使うことが増えました。アメリカの場合ですと、魅力的なコンテンツであれば、キックスターターやインディゴーゴーなどのクラウドファンディングで数億円集まることもあります。日本でもクラウドファンディングが少しずつ根付いてきましたが、まだスケールの点では及びません。集まる金額の桁が圧倒的に違います。しかし、経営コンサルタントなどをされている大前研一氏も、「今はネットからお金を集める時代」とおっしゃっていますから、今後拡大していくかもしれません。

結局、ビジネスモデルはあとで考えればいいという形です。この場合のビジネスモデルとは、マネタイズやキャッシュポイントをどうするのかということです。

具体的にお話しするために例を挙げましょう。あなたはスナップチャットというものをご存知でしょうか？　ＳＮＳで写真や動画付きメッセージを送り、相手が受信すると10秒以内に自動的に削除されるというものです。10秒以内であれば9秒や3秒にも設定できます。保存したければ、スクリーンショットを撮ります。今までＬＩＮＥにしてもＦａｃｅｂｏｏｋにしてもチャットワークにしても履歴を残すことが常識でしたから、全く逆の発想です。

これは日本では女子高生を中心に少しずつ流行り始めていますが、１日のアクティユーザー数は10代から20代を中心に世界で１億５８００万人／日になっています。

スナップチャットを創業したのは、エヴァン・スピーゲル26歳とボビー・マーフィー28歳の２人です。今世界で最も若いビリオネアです。２人とも総資産は、それぞれ２０００億円を超えると言われています。

スナップチャットは、２０１１年、エヴァン・スピーゲルが、スタンフォード大学時代にデザインクラスでクラスワークのプロジェクトとして発表したのが始まりでした。10秒で投稿が自動的に消えるＳＮＳです。スナップチャット上でつながった友人同士は、写真や動画を送り合うことができます。またその日に撮影した写真やビデオをまとめて友人と共有できる、「ストーリー機能」もあります。こちらも見られるのは24時間だけです。

このスナップチャットは、既存のソーシャルメディアを嫌う若者から絶大な支持を集め急拡大しています。２０１３年にはその成長ぶりに注目したフェイスブックのマーク・ザッカーバーグから約３０００億円、グーグルから約４０００億円での買収提案を受けましたが、エヴァン・スピーゲルは断っています。

当時既に大富豪であったマーク・ザッカーバーグは自らエヴァン・スピーゲルに「会いたい」というメールを送りましたが、スピーゲルは「是非会いたいね。そっちが来るならだけど」と返信しました。

ザッカーバーグはその後再びスピーゲルに連絡を取り、収益を生み出せていないスタート2年目のスナップチャットを約3000億円で買収するという提案をしたのですが、スピーゲルは断ったという伝説を残しています。

その後、企業価値を2000億円と見積もる出資者から50億円の軍資金を調達し、大型IPO（新規公開株）に成功しました。スナップチャットの主な収入源はネット広告ですが、巨額の赤字にも関わらずニューヨーク証券取引所に上場し、初日の終値の時価総額は3兆円を超えたそうです。現在では、アメリカの10代の若者たちに絶大な人気を誇るようになり、繰り返しますが世界中で1日当たり平均1億5800万人がサービスを利用し、1日の投稿数は25億件に上ります。

売上や利益がゼロや赤字でも金融資産が増えるという現象が、今アメリカでは度々起こっています。よく時価総額経営が重要と言われますが、実は時価総額と同様に企業価値も重要です。これだけ膨大なダウンロード数があればマネタイズは後でいくらでもできるわけです。広告を出してもいいですし、途中でアプリを販売してもいいですし、何でも売り上げにつなげることができます。

収入と売上を決定付ける5つのタイプ

私は、「はじめに」のところでも書きましたが、10社の会社を設立しました。最初の会社を創業したのは、もう20年以上も前のことになります。

すでに8社の会社は信頼できるパートナーなどに任せています。立場的にはビジネスオーナーであり、会社経営を行うものとしては理想的な形です。会社5年説や3年説など、会社を継続させることが困難な時代に幸運だったと思っています。

おかげさまで、10年前に私個人の年収は1億円を突破し、ここ数年は5億円を超えています。

私の経験があなたのビジネスのヒントになればと思い、ＡＩ×ＶＲを絡めながらお話しさせていただきます。

タイプ	年収・カード	姿勢	型
1. トレンドに 乗せられる	1000 万円まで 一般カード	依存	アドオン型
2. トレンドに 乗る	1000 万円以上 ゴールドカード	自立	クラスター型
3. トレンドを 作る	1 億円以上 プラチナカード	相互依存	レバレッジ型
4. トレンドの 仕組みを作る	10 億円以上 センチュリオンカード	自己実現	スキーム型
5. 時代そのもの を作る	資産 1000 億円以上 パラジウムカード	利他の精神	エポックメイキング型

収入は基本的に職業によって決まるものではありません。では、何で決まるのでしょうか？　上の表をご覧ください。5つのタイプに分かれていますが、この中のどのポジションに属しているかで、その人の年収や資産が決まるのです。それぞれ見ていきましょう。

1．トレンドに乗せられるタイプ

トレンドに乗せられるタイプは、基本的に残念ながら経済的にあまり恵まれません。また依存型の人が多いのも特徴です。

しかし、日本人の給与所得者のうち年収1000万円以上は全体の約4．37％と言われますから、ほとんどの人がこのポジションに属していることになります。カードは一般カードになります。

このタイプは「アドオン型」、つまり積み重ね型になります。例えば、１つ３万円の仕事を10個やって、30万円稼ぐという感じです。人間の時間には限りがありますから、必然的に収入は頭打ちになります。

2．トレンドに乗るタイプ

トレンドに乗ることができるようになれば、年収は１０００万円を超えてくることができます。カードもゴールドカードを持つようになります。

このポジションは「クラスター型」になります。クラスターとは「塊」を意味しますが、例えば年商１０００万円単位のビジネスを２つ、３つと増やしていき、塊を作っていくイメージです。トレンドに乗ることに成功すれば、このことは実現しやすくなります。また、このポジションにいる人の多くは、人に依存することなく自立心が旺盛です。

3．トレンドを作るタイプ

トレンドを仕掛ける側に回ることができれば、年収もグンとアップし1億円を超えるようになります。カードもプラチナカードにグレードアップします。

1人の力は限られています。コンテンツ・ビジネスモデルだけでミリオネア（億万長者）になれるのは、メジャーリーグのイチロー選手や、レディ・ガガ、ウサイン・ボルトなど一部の卓越した才能を持つ人だけです。そういった才能がなくてもミリオネア（億万長者）になろうとするなら、レバレッジをかけることが重要なポイントになります。言い方を変えれば「相互依存」の精神が必要になります。つまり、誰かとお互いの長所を出し合い、短所を補う形ができないと大金を稼ぐことは難しいと言えます。

ここで相互依存に関して面白い話がありますので、ご紹介しましょう。

月収100万円を「1」とします。300万円は「3」で、400万円は「4」です。

月収300万円と400万円の人が組めば、

「3」×「4」で12になります。

これを2で割れば、6です。つまり2人の平均月収が600万円に増えます。

一方で、月収30万円の人と40万円の人が組むと、「0・3」×「0・4」は0・12です。これを2で割ると0・06、つまり元々の2人より少なくなってしまうのです。

相互依存の相手は、当たり前ですが力のある人の方が格段に早く成功に近付きます。

話を戻しますと、トレンドを仕掛けるだけでは年収10億円の壁は高いように感じます。トレンドを仕掛けると言えば芸能人やテレビのタレントさんですが、俳優では福山雅治さんが推定年収7億円、綾瀬はるかさんが推定年収4億円、歌手では桑田佳祐さんが推定年収5億円、芸人では爆笑問題さんが2人合わせて推定年収16億円と言われています。1人平均8億円です。お恥ずかしながら、先にお話ししましたように私の年収も5億円程度ですから、このポジションの人間と言えます。このポジションマップでは真ん中の位置になります。まだまだです。上には上があります。

AI×VRで、もっと上のポジションを目指そうと思っています。

4. トレンドの仕組みを作るタイプ

このポジションになると、さらに突っ込んで仕組みそのものを作ってしまう人が属します。スキーム型と呼んでいますが、こうなることで年収10億円の壁を突破することができるのです。

持つカードもプラチナカードを超える、センチュリオンカード、限度額が無制限の通称ブラックカードになります。

私は、AI×VRでトレンドの仕組みを構築しようとしています。実際、すでに動き始めています。AI×VRにはトレンドの仕組みになりうるポテンシャルが必ずあります。さらに、次の5つ目のポジションに移行できる可能性も極めて高いと思っています。

5. 時代そのものを作るタイプ

このポジションになると、トレンドといった範疇を超えてしまいます。

例えば、15～16世紀のヨーロッパで三大発明がありました。火薬・羅針盤・活版印刷術ですが、まさに大きな社会変革をもたらしました。こういった社会にとってインパクトを与えるものを作ることによって、1000億円以上という資産が可能になってくるのです。このポジションの人はビリオネア（大富豪）とも呼ばれています。

ダイナマイトを発明したノーベルも大変な資産を築くことができ、それを財源としてノーベル賞を作ることができました。

最近でいえば、何といってもマイクロソフトのビル・ゲイツ氏です。Ｗｉｎｄｏｗｓ95の出現は間違いなく、社会のありようを一変させました。彼は２０１７年にもフォーブス世界長者番付で第1位になり、４年連続かつ過去23年間で18回目となる首位に輝きました。

ちなみに、２０１７年フォーブス世界長者番付によると、ビリオネアの数は２０４３人となり、同番付史上初めて２０００人を超えたそうです。日本人のビリオネアの数は27人で、国籍別では15位になります。34位の孫正義氏（ソフトバンク）、６０位の柳井正氏（ファーストリテイリング）、１０２位の滝崎武光氏（キーエンス）が日本人のトップ３です。

このポジションの人が持つカードはパラジウムカードになります。センチュリオンカード（ブラックカード）が最高と思っている人がいますが、このカードこそ最もステイタスが高いと言われています。これは、プライベートバンクに約36億円以上の資産を持つ顧客向けに、アメリカの金融大手であるＪＰモルガンがＶＩＳＡと提携して発行しているクレジットカードになります。
またこのポジションの人は、非常に利他の精神にあふれる人が多いのも特徴です。ビル・ゲイツ氏をはじめ、ビリオネアたちはこぞって寄付をしていることからも、それはよく分かります。

この5つですが、具体例を挙げてもう少しわかりやすくご説明しましょう。
例えば、2020年にやってくる東京オリンピックですと、

1. 東京オリンピック関係のニュースを見たりして、楽しみにしている人。
2. 東京オリンピックというトレンドに乗って、例えば写真集とか関連商品でビジネスをする人。
3. ゲームなどを制作して東京オリンピックに関連したトレンドを作る人。
4. 東京オリンピックの仕組みを作る人。JOC（日本オリンピック委員会）。
5. オリンピックそのものを作る人。IOC（国際オリンピック委員会）。

言うまでもありませんが１から５になるにつれて、お金がグローバルに動きます。もう１つFacebookでご説明しましょう。

1. Facebookで投稿したり「いいね！」をもらったりして楽しんでいる人。
2. 「いいね！」をたくさんもらうための方法を書籍などにする人。
3. Facebookでのアプリやゲームを作ってトレンドを作る人。
4. Facebook Japan。
5. Facebook本社。

私は先ほど、ＡＩ×ＶＲは５のポジションに移行できるとお話ししましたが、本気でそう思っています。私のことを変人だと思われるでしょうか？　私としてはどう思われてもかまいません。最初に「空を飛ぶ」といった人も、「天下を獲る」といった人も変人扱いされたのです。最初から「無理だろう」と思って、自分を枠にはめてしまう人が多すぎるような気がしてなりません。もったいない話です。

あなたも、今のポジションを確認してみてください。そして、１つでも上のポジションを目指してください。ＡＩ×ＶＲなら、必ずあなたを引き上げてくれます。

何度も言いますが、今は本当にチャンスで、しかも大きな変革期です。

CHANCE《チャンス》　CHANGE《チェンジ》

CT ▶ Timing Turning point

チャンス（CHANCE）と変化（CHANGE）は、「C」と「G」の一字違いです。Gは「C」と「T」の文字が合体したものです。私は、このTを「Timing（タイミング）」と「Turning point（ターニングポイント）」だと思っています。

つまり、チャンスを絶好のタイミングでつかみ、ターニングポイントにすることで、変化することができるのです。

レバレッジでビジネスを加速

先ほども少しお話しさせていただきましたが、人間１人の力は限られており、ビジネスを加速したり拡大させたりするためには、どうしてもレバレッジをきかせることが不可欠になります。

私は起業する人に会うことがよくありますが、目標を年収1億円に置く人が多いように思います。アドバイスとして、「レバレッジなしでは厳しいよ」という話をしています。ここでは「レバレッジをかけるための4つの方法」をお話しします。

4つの法則とは、

①ストーリーを創る。
②パートナーを創る。
③コミュニティを創る。
④マーケットを創る。

になります。では1つずつご説明していきましょう。

①ストーリーを創る。

物語性のないものはなかなか普及しません。では、どうやってストーリーを創ればいいのでしょうか。

日本の一般的な人や企業は、「Ｗｈａｔ」→「Ｈｏｗ」→「Ｗｈｙ」の順番でストーリーを組み立てます。つまり「何（商品名）を」「どうやって作って」「なぜ作って、なぜ販売するのか」という流れで展開します。

しかし、この組み立てでは人の心をつかむことができるストーリーはできません。結果、売れません。

では、魅力的なＰＲで有名なＡｐｐｌｅなどではどのようなストーリーを創っているのでしょうか。一番重要なのは、まず「Ｗｈｙ」から始めるということです。「なぜ作ったのか、なぜ販売するのか」という「なぜ」の部分をまずは投げかけます。商品名など、最初から言わないのです。次に「Ｈｏｗ」、最後に「Ｗｈａｔ」という流れで展開するのです。この流れにより、人の心をつかむことができる物語ができ上ります。

前にお話ししました、ＳＮＳなどで大きな影響力や強い拡散力を持つインフルエンサーの人たちも、こういった流れでストーリーを創る人が多いようです。

②パートナーを創る。

前項でもお話ししましたように、レバレッジをかけるためには、人の力が非常に重要になります。繰り返しますが、人間1人の力には限りがあるからです。

店舗販売が一番わかりやすいのですが、1つのお店だけではなかなか年収1億円を稼げるようにはなりません。やはりパートナーを見つけて、チェーン店やフランチャイズ制にしないと、厳しいものがあります。

外食作業で成功した人は日本でも世界でも、ほとんどがチェーン店かフランチャイズです。丸亀製麺しかり、ケンタッキーフライドチキンしかりです。優秀なパートナーをたくさん創ることができれば、何兆円産業も夢ではありません。それほどパートナーの存在は重要です。

私もＡＩ×ＶＲをビジネスとして展開しているわけですが、もちろん1人で成功できるはずがありません。多くの優秀な仲間がいてこそ、夢は実現すると思っています。あなたにその気があれば、ぜひお声がけください。パートナーとして一緒にやっていきましょう。

③コミュニティを創る。

私も若い頃から、起業家たちの集まりや異業種交流会によく参加していました。「②パートナーを創る」ということにもつながるからです。

ただ、より効果を高めるためには参加する立場より、主催する側に回った方がいいと思います。なぜなら、主催者というのは一目置かれますし、自分にとって有益な人間を集めることができ、より効果的な時間を過ごすことができるからです。また、前にもお話ししましたようにパートナーは力のある方の方が、自身を高めることができます。主催者側になれば、そういった人を中心としたコミュニティを創ることもできます。

私も今は、ＡＩ×ＶＲのコミュニティ参加が中心です。しかし、自分でも様々なコミュニティを主催しています。前述しました日本ＶＲ協会もその1つですし、後ほどご説明しますが、ＤＭＭオンラインサロンで開設する予定のＡＩ×ＶＲのコミュニティや、「ＶＲマーケット」といったコミュニティも展開しています。さらに、ＡＩのエンジニアや３６０度コンテンツのクリエイターを育成する講座も行っています。

④マーケットを創る。

魅力的な新しい市場を創ることができれば、相当なレバレッジが期待できます。

なぜなら、新しいマーケットであれば競争相手が少なく、ブルーオーシャンが望めるからです。ビジネスにとって一番ありがたい先行者利益も獲得できます。

私は、ＡＩ×ＶＲで新しい市場を開拓するつもりでいます。ＡＩ×ＶＲは、今までのどんな市場よりも膨大なものになるでしょう。数百兆円規模になることは、間違いありませんし、遠い未来の話でもありません。

私は人類史上かつてなかったほどの市場に切り込むために、様々な企画やアイデアを展開していますし、準備もしています。ＡＩ×ＶＲの市場は、これから急成長し、急拡大していきます。あなたも、今から参入しても決して遅くありません。

「レバレッジをかけるための４つの方法」についてお話ししてきましたが、ビジネス成功の非常に大きなポイントですので、もう少し話を進めます。

レバレッジをかけるためにはこれら４つの方法と共に、「３つの基本」があります。

それは、

①キャラクター
②コンセプト
③プロダクト

の3つになります。

この3つが揃えば、向かうところ敵なしといえるでしょう。例えば2016年に世界的規模で大流行した『ポケモンGO』ですが、ポケモンというキャラクターをはじめ、コンセプトも非常にユニークで斬新でした。プロダクト、つまり商品力も高く、何もしなくても売れてしまうようなゲームでした。

大手企業でやる場合であれば、まさに理想的なヒット商品でした。しかし、個人的な意見を言わせていただければ、ベンチャーや中小企業など小規模で始めるなら、もっと違った視点が重要になると思います。

それは、キャラクターにしてもコンセプトにしても、「99%の人に嫌われても、1%

の熱烈なファンがいるものを企画するべき」ということです。その方が資金も少なく、失敗のリスクも少ないと考えています。

ビジネスで成功する４つのモデル

ビジネスで成功する可能性が現在非常に高いモデルが、４つあると考えます。その４つとは、

①マッチング
②モデリング
③ブランディング
④グロースハッキング

となります。では、ご説明していきましょう。

①	M&Aキャピタルパートナーズ	2253万円
②	GCA	2153万円
③	キーエンス	1756万円
④	日本商業開発	1741万円
⑤	ストライク	1616万円

『会社四季報』（東洋経済新報社）より

①マッチング

マッチングというのは、「買いたい人」と「売りたい人」、あるいは「欲しい人」と「提供できる人」をマッチングさせるビジネスです。これは今非常にニーズが高く注目されています。

まずは、上の表をご覧ください。

これは、東洋経済が２０１７年１月にインターネットで発表した企業の平均年収ランキングです。

１位のＭ＆Ａキャピタルパートナーズ、２位のＧＣＡともにＭ＆Ａマッチングの企業です。この２社だけが平均年収２０００万円を超えていますが、これは現在Ｍ＆Ａの需要が非常に増えていることを意味します。

「会社を経営してきたが、年を取って続けることができない。後継者がいないので、どこかに会社を売ってほしい」、「業界再編で、企業を合併したい。他に良い企業があれば買収もしたい」という人や企業が増えているわけです。従来、売りたい人と買いたい人が50対50だったのに対し、現在は売りたい人が30で買いたい人が70になりました。売り手市場になったわけです。M&A市場はうるおい、M&Aマッチング企業の景気が良いのです。

医療やIT、不動産など様々なジャンルでM&Aが活発に進められています。

また、Uberという会社も違った形のマッチングで規模を拡大しました。この会社は「タクシーに乗りたい」という人と、「タクシー会社やドライバー」をマッチングするアプリを開発したのですが、これが世界展開し巨大企業になりました。

前にもお話ししましたが、私もAI×VRを通してマッチングを行っています。コンテンツを持っている人とエンジニアなど、そういったことをこれからもどんどんグローバルにやっていきたいと思っています。マッチングのビジネスは、双方のWIN&WINを第一に考えてやることが重要で、このことがしっかりできれば成功できる可能性は非常に高いと言えます。

②モデリング

経営状況の良い会社や繁盛しているお店をモデリングするやりかたです。ＴＴＰ（徹底的にパクる）、ＡＴＭ（明るく楽しく真似る）などとも言われます。有名な成功哲学に「成功したければ、成功者を真似ろ」というのがありますが、まさにそれです。

あなたは、「守・破・離」の法則をご存知でしょうか？　簡単にご説明しますと、まず初めは師匠に言われたことや師匠がやっていることを忠実に守り（「守」）、その後、師匠と自分とを照らし合わせて研究し、自分に合った型を作り出すことにより師匠の型を破り（「破」）、

そして最後は更に修行し、師匠の方法から離れ、「守」も「破」も意識せずに独自の新しい世界を生み出すというものです。（「離」）

この中で最初の「守」が非常に重要だと言われていますし、私も全くその通りだと思います。逆に言えば「守」がしっかりできれば、「破」や「離」は自然と実現できるとさえ思っています。

③ブランディング

商品などを販売する場合、ブランド力が大きな力を持ちます。ブランドと言います

と、グッチやエルメス、ヴィトンなどを思い浮かべますが、ブランディングに成功した商品は、値段が高くても需要が高い場合が多いと言えます。

しかし、そういったブランドを作ることは容易なことではありません。卓越した才能や顧客のニーズが高い商品、そして長い年月をかけて信頼を勝ち得てきたからこそ、ブランド力で高価な商品でも売れるのです。

では起業する場合、普通の人はブランディングすることはできないのでしょうか？

多額の広告費が用意できないのであれば、やはり頼る先は、インターネットやＳＮＳになります。前にもお話ししましたが、今は莫大なお金をかけて広告展開をするよりも、１人のインフルエンサーの方が力を発揮する時代です。あなたも起業をお考えであれば、今の時代、このことは避けて通れないことを知っておいてください。

④グロースハッキング

現在、シリコンバレーで最も熱い仕事は先にご紹介したデータサイエンティストです。それと肩を並べる職業が、グロースハッカーです。

グロースハッカーという職業は、簡単にご説明しますと広告費やマーケティング予算をかけずに、ユーザーをよりエンゲージメントの高い状態に引き上げることです。

今、グロースハッカーの需要は極めて高く、年収1億円の求人広告が出るほどです。

グロースハッカーは広告費があまりかけられないスタートアップ企業だけでなく、すでにユーザーを多く抱えているエスタブリッシュメント企業からもオファーが殺到しています。

信用でお金は集まるが、お金で信用は買えない

「ビジネスでの成功のために必要なことは、何といっても信用」とよく言われますが、このことに異論のある人は、少なくとも真っ当な職業に就いている人の中にはいないはずです。

私は「10の信用で100のお金は集まるが、100のお金で10の信用は買えない」と思っています。信用があればお金は後からいくらでも付いてきます。それほど信用はビジネスを行う上で、成功への大きな鍵になるのです。

では、どうすれば信用を得ることができるのでしょうか?

ビジネスの流れは、「商品」を「お客様」にその存在を知らしめ、購入していただくという「結果」につながり「評価」を得ます。この評価が高ければ、信用につながる一番の近道です。逆に言えば、お客様が価値を認め、評価したからこそお金を支払われるのです。

「商品」→「お客様」→「結果」→「評価」→「信用」の流れの中で、どの過程もスムーズにいかなければなりません。商品を知らしめて興味を持ってもらい、購入してもらわなければ信用までの流れは途絶えてしまいます。

あなたは「ＡＩＤＭＡ（アイドマ）の法則」をご存知でしょうか？　ＡＩＤＭＡとは、

「Ａ」（Ａｔｔｅｎｔｉｏｎ＝注意する）

「Ｉ」（Ｉｎｔｅｒｅｓｔ＝興味を持つ）

「Ｄ」（Ｄｅｓｉｒｅ＝欲求を感じる）

「Ｍ」（Ｍｅｍｏｒｙ＝記憶に残す）

「Ａ」（Ａｃｔｉｏｎ＝購買する）

以上の5つが、お客様が商品を知って購入までの段階になりますが、その頭文字をとったものが「AIDMAの法則」です。Attentionを「認知段階」、Interest、Desire、Memoryを「感情段階」、Actionを「行動段階」と区別することもあります。

この法則に即したセールスを行えば、ビジネスはうまくいくと考えられていました。なぜ過去形かと言いますと、この法則はテレビや雑誌、新聞といったマスコミが巨大だった時代に力を発揮したものだからです。つまり、インターネットがなかった時代に通用していたものということです。

ではインターネット全盛の今、どのようなことが必要なのでしょうか？　それは「AISCEAS（アイシーズ）の法則」になります。こちらは、

「A」（Attention ＝注意する）
「I」（Interest＝興味を持つ）
「S」（Search＝検索する）
「C」（Comparison＝比較する）

「E」（Examination＝検討する）
「A」（Action＝購買する）
「S」（Share＝情報を共有する）

になります。

どんなビジネスでもインターネットが欠かせなくなった現在、この流れを抑えたセールスをしなくてはいけなくなったのです。新たに検索してもらうとか、価格.comなどで比較・検討されるということも考慮に入れなくてはいけません。そして、ネット時代に重要なのは評価を簡単に共有できるということです。

Ａｍａｚｏｎや楽天市場、ヤフオクなどでは「評価」のコーナーがあります。例えば、ネットで品物を購入する一番のポイントは価格にあります。同じ商品であれば、安い方がいいでしょう。しかし、価格だけではありません。少々高くても評価のポイントが高い方を買う人が多いのです。評価のポイントが低いところは到着までに時間がかかったり、破損品を送ってきたりする可能性がありますので注意が必要です。

リアルからインターネットにビジネスの場が変わっても、やはり一番重要なのは信用に変わりありません。

第5章

シンギュラリティ到来によるAIビジネス

重要なことですのでもう一度言いますが、ＡＩもＶＲも基本的には全産業、全業種に応用がききます。

ＡＩに関しては、情報の分野ではやはりＧｏｏｇｌｅやＦａｃｅｂｏｏｋが強いと言われています。東京大学大学院の特任准教授の松尾豊先生などは、「日本はやはり物作りに強いので、物作りの技術を生かして農業の分野、食品加工の分野、建設の分野などが向いている」というふうなことをおっしゃっています。ただ個人的には、それらの分野というのはハードウェアが絡むので、ものすごい資金や時間、労力がかかります。一から十まで全部ロボットでやるという話になりますから、大企業でないと難しい面も多いのではないでしょうか。

ロボットの現状

ロボット会社のクリエイターの方に聞いたのですが、「ロボットというのは一番投資やビジネスが難しい分野」と言われていました。というのは、普通のロボットを作るのには今2億円ぐらいかかるそうです。現在、ＤＡＲＰＡロボティクスチャレンジというロボットの一番大きなコンテストがありますが、その優勝賞金が2億４０００万円です。1位を仮に取れたとしても元が取れるかどうかというぐらいです。言うまでもありませんが、1位はなかなか取れません。２０１５年の大会では、日本からは5チーム参加しましたが、残念ながら日本チームの最高は10位で上位３位には入れませんでした。もちろん作ったロボットが順調に売れれば利益が出ますが、今のままではビジネス的には難しいと思われています。

また、２０２０年には、賞金総額25億円に上るテレイグジスタンス（遠隔存在感）分野の国際コンテスト「ＡＮＡ ＡＶＡＴＡＲ Ｘ ＰＲＩＺＥ」がアメリカで開催される予定です。今後こういった大規模のコンテストの数が増えていくでしょう。

目に見えないロボットによる業務自動化の取り組みを表すＲＰＡ（Robotic Process Automation）も注目されています。ＲＰＡとは、仮想知的労働者（Digital Labor）とも呼ばれており、機械学習・ルールエンジン・人工知能などを活用した、主にバックオフィスにおけるホワイトカラー業務の効率化・自動化の取り組みです。少子高齢化の日本においては、オペレーションプロセスのコスト競争力だけではなく、労働力不足のジャンルやエリアに対する対応施策として、今後の活用が大いに期待されています。

ＡＩビジネスのマネタイズの方法

ＡＩビジネスのマネタイズ方法についてご説明しますが、こちらもＶＲの時と同じく「今の時点では」という但し書き付きです。

現在、人工知能が実際の世界で力を発揮するのは画像認識でしょう。その中でも、人工知能の画像認識による監視システムは、監視コストを１００分の１以下にすると言われています。

また、ディープマインド社が得意としているゲーム攻略の例を見るまでもなく、数字やポイントなど、現象を数値化して見せるというのはビジネス化しやすいと思います。例えば、学習塾や予備校での点数や偏差値を上げるためのＡＩを使った教材などにも活かせます。ＡＩやＩＴなど最新技術を取り入れた教育、エドテックへの応用です。この分野はアメリカを中心にして急成長していますが、日本でも自ら学ぶ「姿勢」をつくる世界初の人工知能型教材『Ｑｕｂｅｎａ（キュビナ）』が注目されています。

他には、人間との対決ものがあります。チェス、将棋、囲碁と、ＡＩは次々に人間に勝利してきましたが、今後はカラオケの得点対決、トレーダーとの対決、各種スポーツの対決などを通して、ＡＩを商品化していけるのではと考えています。ＡＩ×投資ロジックVS人間のプロトレーダーとの対決は私も考えています。こちらは後述します。

フィンテック、広告や金融への応用

フィンテック（FinTech）とは、ファイナンス（Finance・金融）とテクノロジー（Technology・技術）を組み合わせて生まれたアメリカ発の造語で、ファイナンス・テクノロジーの略です。こちらもＶＲと同じく２０１６年がフィンテック元年と言われています。

このフィンテックを支える３つのポイントは、１つ目がＡＰＩ（アプリケーションプログラミングインタフェース・ソフトウェアの機能を共有すること）で、２つ目がブロックチェーンという技術です。これは仮想通貨のビットコインのもとになっている技術ですが、世界中に点在するコンピュータにデータを分散することにより、中央集権のコンピュータを置かずに破壊や改ざんが困難なネットワークを作る分散型台帳技術のことを言います。相互に信頼関係のない不特定多数の参加者間で、権利の移転を実現することに適していることから、その用途はビットコインにとどまらず幅広いビジネスやアプリケーションへの応用が期待されています。それと3つ目がＡＩになります。フィンテックも、やはり人工知能がキーポイントになりますので、こういう分野にも積極的に応用していった方が良いと思います。

２０００年前後に日本でＩＴブームが起こりましたが、その時は同時に3つのブームがありました。ＩＴ（Information Technology・情報技術）が有名ですが、それだけではなく、ＦＴ（Finance Technology・金融技術）というのもありました。これが今で言うフィンテックです。

もう1つがＬＴ（Logistics Technology・物流技術）で、その当時、物流に革命を起こしました。

これらが今ではどうなっているのかと言いますと、最終的には今はもうＩＴと言えばインターネット全盛の時代になっています。

ＦＴは先にもお話ししましたように、今はフィンテックになりました。

物流のＬＴは、現在オムニチャネルと言われる、いわゆる実際の店舗やオンラインストアをはじめとするあらゆる販売チャネルや流通チャネルを統合し、どのような販売チャネルからも同じように商品を購入できる環境を実現して、物流を変えていくという流れになっています。

ＡＩ×投資ロジック

現在、私の会社で積極的に行っている分野は、ＡＩ×投資ロジックのシステム開発です。具体的には、天才トレーダーの方の投資ロジックなどを、機械学習やディープラーニングを使ってシステム化できないかということを考えています。

これは先ほども少しご説明した「Ａｌｐｈａ　Ｇｏ（アルファ碁）」ですが、２０１６年の３月に世界でもトップレベルの囲碁棋士である韓国のイ・セドル九段を４勝１敗で破ったということがありましたが、その投資版ができないかと思って今開発をしています。

ＡＩというのはなかなか難しいところがあります。前にもお話ししましたようにＡＩの定義づけがまだ明確ではなく、「なんちゃってＡＩ」というのが多いものですから、凄いAIかどうか分かりにくいのが現状です。その点、数値化できることと対決できるものが一番分かりやすいです。

「Ａｌｐｈａ　Ｇｏ」（アルファ碁）もなぜあれほど世界的なニュースになったかと言いますと、実際に囲碁のトッププロとAIの「Ａｌｐｈａ　Ｇｏ（アルファ碁）」（が戦って、４勝１敗と勝敗がきちんと分かりやすく決着がついたからです。その後、２０１６年の年末から２０１７年の年始にかけて、進化した「Ａｌｐｈａ　Ｇｏ（アルファ碁）」である「Ｍａｇｉｓｔｅｒ」と「Ｍａｓｔｅｒ」は、日中韓の世界を代表するトップ棋士らを相手に60戦60勝、驚異の60連勝しています。

囲碁の分野で負けるとなると、いわゆるゲーム関係では人間はもうかなわないのではないでしょうか。囲碁というのは、盤面のパターンが10の３６０乗以上あります。10の２２０乗ある将棋よりも膨大な場面のパターンがあるので、囲碁だけは人間の創造性を最大限に発揮しないとまだまだ勝つことができない分野だと言われていました。AIが勝つにはあと10年かかると言われていたのですが、いきなり２０１６年の3月に勝ってしまいました。恐るべき人工知能の進化を世界が実感しました。

ただ、先ほどもお話ししましたように専用人工知能ですので囲碁しかできません。

私が開発しようとしているのはその投資版ですから、例えばＦＸで実際に勝ち続けている天才トレーダーの方の投資ロジックを使って、ＦＸだけ勝てるＡＩのソフトを作りたいと思っています。

これができれば、本当に冗談抜きに、おそらく利益が１年で２０００億円ぐらい出ます。ＴＶ局のディレクターの方にも、「それが完成したら世界中が注目するから、是非取材させてください」と言われています。なぜ２０００億円もの利益が出るかと言いますと、例えばこれで作ったソフトが10回トレードして、プロのトレーダーに６勝４敗で勝ち越したとすれば、世界中の機関投資家やファンドが「運用してくれ」という話に間違いなくなります。そうするとどう少なく見積もっても１兆円ぐらいは集まります。それで、リターンは１年に20％を目指します。そうすると１兆円だと２０００億円ということです。これはかなり現実的な数字だと思っています。

ただもっと少ない資金でも利益を出すことができるかもしれません。その理由は、ＦＸは海外の証券会社だと８００倍ぐらいレバレッジがかけられるからです。

仮にレバレッジを１００倍かければ資金が１億円しかなくても、１００億円を運用できるわけです。１００億円に対して０・０１％の利益でも１００万円のリターンがあります。そういったことを目指せるものを是非開発していきたいと思っています。

ＦＸにはＥＡというものがあります。ＥＡとはエキスパートアドバイザーの略で、ＭＴ４でおなじみのメタトレーダーというプラットフォームで使用できる自動売買プログラムですが、これも今まで日本だけではなくて海外のものも含めて５０００ぐらい見ました。しかし、１つも使い物になりませんでした。３カ月間や半年間、当初の期間だけは勝てるものはありました。しかし、例えばリーマン・ショックやスイスショック、イギリスのＥＵ離脱、アメリカのトランプショックというような予測不能なことがあると、一気に今までのリターンがマイナスになってしまうものが多いのです。そういったショック相場にも対応できるようなものを作れないかと考えています。

実はもうプロのトレーダーという方に１００人以上お会いしました。その中で天才トレーダーや敏腕ファンドマネージャーにようやく出会うことができました。今共同開発しているところです。これからもまだまだ私の理想とする秀逸な投資ロジックを探していきます。心当たりのある方は是非ご連絡いただければと思います。

そしてＦＸから始めて、株式投資、日経２２５など、投資ジャンルごとにシリーズ化していきたいと考えています。

少し話が変わりますが、将棋や囲碁で人工知能を応用することをお話ししましたが、現在は競馬の分野でも行われています。競馬はギャンブルですから、怪しいと思われる方もいるかもしれません。

実は２０１６年から、株式会社ドワンゴ主催、サラブレ編集部協力の競馬予想アルゴリズム競技会「電脳賞」という人工知能で競馬を予想するというコンテストが行われています。ＪＲＡが２０００年からの膨大な競馬結果を公開しているのですが、そのビッグデータをディープラーニングなどでエンジニアが解析し競馬予想ソフトを開発して争っているのです。私の会社でも、人工知能搭載の競馬予想ソフトを開発しています。２０１７年６月に完成予定で、２０１８年の「電脳賞」にも参加する予定です。

また競馬の人工知能について、語り合ったり情報交換したりする「ウマナリティクス」というイベントもあります。「ウマナリティクス」は Uma + Analytics の造語で、「競馬×データサイエンス」をテーマに、馬券予測にとどまらず、競馬を取り巻く様々な事象とそこで生まれるデータに光を当て、競馬をもっと面白くしようというたって真面目なイベントです。第2回目には登壇させていただきました。

「ＡＩ×投資ロジック」、「ＡＩ×競馬ロジック」、ＡＩに無限の可能性を感じずにはいられません。

なぜ投資ジャンルなのか？

先ほど私の会社では、投資ロジックや金融の方に特化してやろうとしている話をしましたが、なぜそう思ったのかその理由をお話しします。

今、実体経済と言われるＧＤＰは、アメリカが1位、中国が2位、日本は3位ですが、世界のＧＤＰを合算すると約９０００兆円になります。それを３６５日で割ると1日約25兆円になります。平均して１日に25兆円の消費や生産、取引がされているということです。

では、金融経済がどれぐらいの規模かと言いますと、外国為替取引、ドル円やユーロ円などの取引が1日で約７００兆円です。膨大で複雑な種類がある金融工学のデリバティブというものがあるのですが、この取引が1日で約５５０兆円あります。外国為替取引と合わせると、１日に約１２５０兆円という超巨大な規模になります。繰り返しますが、片や実体経済は25兆円です。ですから実は金融経済のほうが今は50倍のマーケットサイズになっているわけです。

ゴールドマンサックスやＪＰモルガンなど、大手の投資銀行の給与などを見ると金融業界がいかに世間の常識とかけ離れているかが分かります。例えば、ある投資銀行では２０１６年12月に支給された冬のボーナスが、22歳の新卒社員で１０００万円だったそうです。入社後たった８カ月後です。同社のＣＥＯは１回のボーナスで２００億円です。ウォールストリートのＣＥＯの平均年収が今70億円だそうです。普通の人の収入とは、桁が全然違います。このことだけでも、金融経済から生み出される利益がいかに凄いかということが分かるかと思います。こういったことからもリアルビジネスや実体経済で１億円稼ぐのと金融経済で１億円稼ぐのでは、良し悪しは別にして金融経済の方がはるかに簡単だと思えます。

そうであれば、金融経済にＡＩを組み込むことを１回チャレンジでしてみるのも面白いのではないかということで取り組んでいます。

フィンテックが進化すると困る人たち

フィンテックが進化することに証券会社の人はすごく危機感を持っています。大手証券会社の役員の方ともお話ししましたが、「このままいくと、本当にうちはつぶれてしまう」と言われていました。

なぜならフィンテックが進むと、証券会社が必要なくなるからです。フィンテックによって、東京証券取引所と直接株の取引することが簡単にできるようになりますから、手数料を取られてまで証券会社を通して購入する人は少なくなるからです。フィンテックが進化すれば、そういったサービスが当たり前のようにできるようになるわけです。残念ながら、手数料商売をやっているような会社はなくなるかもしれません。

そもそも仮想通貨や暗号通貨というのが今後たくさん出てくると、手数料の概念がどんどん変わっていくでしょう。

ところで、あなたは『マネー・ショート』という映画を見たことがありますか？

『マネー・ショート』は、リーマン・ショック前にある特定の人たちだけが情報を得て、

１人数百億円ずつ儲けていたという実話に基づく映画です。そういったことが、実際にも本当にたくさんあるわけです。本来はその特殊情報や金融工学などで儲かったお金が実体経済で使えること自体がおかしいと思います。そういった大手投資銀行のＣＥＯなどには、１本１００円のお茶を１本１万円ぐらいで買ってほしいと思う人がいても不思議ではありません。でも、現実にはそういった人たちでも、当たり前の話ですが同じく１００円で買えます。

しかし、そうであればそっち側の領域を目指してみるのも良いかなと思っています。このマーケットはポテンシャルが違い過ぎます。ですから、私たちは金融マーケットに着手していこうと考えているのです。

少し話がずれますが、知り合いで資産１兆円という途方もない大富豪の方が、中国人にもアメリカ人にもいるのですが、今皆さんが一番恐れているのはフランス革命や辛亥革命、ロシア革命みたいに、ある時に制度や法律などが変わって自分が逮捕されたり、資産を没収されたりするのではないかということです。一般の人にはあまりピンと来ないかもしれませんが、そういう人たちは今、一生懸命フランス革命や辛亥革命、ロシア革命、キューバ革命などを勉強しています。

AIのプロのエンジニアを養成する

その他にも、今私がＡＩで推し進めていることがあります。ＡＩの世界でビジネスをしていて痛感することは、とにかくエンジニアが本当にいないということです。ディープラーニングに関連したエンジニアも本当に少ないですし、前にお話ししましたデータサイエンティストの素養を持ったディープラーニングのエンジニアとなると、日本では極端に少なくなると思われます。

わずか3年後に30兆円の市場を新しく構築していこうというのに全然人材がいないのです。今の状況では求人募集もできませんし、ヘッドハンティングももちろんできません。これは日本もアメリカも中国も含めてです。

そうなれば、もう育てるしかないと思い、人工知能のエンジニア養成講座というのを推し進めたいと思っています。これは本来、国や大学などの教育機関にやって欲しいのですが、現状は思ったように進んでいません。東京大学が２０１６年の6月に、

「先端人工知能学教育寄付講座」を設立しました。トヨタ自動車、ドワンゴ、オムロン、パナソニック、野村総合研究所、ディー・エヌ・エー、みずほフィナンシャルグループ、三菱重工業の８社が計９億円を寄付し、年間約１５０人に最先端の技術や知識を教えるという講座です。ただ同講座は、主に東京大学の大学院生を対象にしているため、他の大学の学生や一般の会社員は受講できない状況です。

検索していただくと分かりますが、データサイエンティスト養成講座というのはいくつかあります。しかし、ディープラーニングエンジニア養成講座というのはほとんどありません。急成長する巨大市場であることを分かっていながらです。「もうないのなら自分たちでやりましょう」ということで、講師の候補をあたっているところです。東京大学の大学生や大学院生の方にも打診させていただいていますが、我こそはという方は是非お問い合わせください。

具体的には20時間以上の研修時間を設けると国の助成金の対象になりますので、社会保険労務士の先生と相談しながら、こちらを活用できるようなカリキュラムにしたいと考えています。ある一定規模以上の企業がターゲットで、受講料が人材育成に関する助成金として、後で受給されるというスキームにしたいと思っています。これなら企業にも負担がないからです。企業に勤めるプログラマーやシステムエンジニアの方をディープラーニングのエンジニアに養成する講座になります。

講座の概要ですが、例えばＴｅｎｓｏｒＦｌｏｗ（テンソルフロー）を学んでいただきます。これはＧｏｏｇｌｅが開発しオープンソースとして公開した機械学習のソフトウェアライブラリで、無料で使えます。ただこれはプログラミング言語のＰＨＰやＪＡＶＡ、Ｐｙｔｈｏｎなどを使える人が望ましいです。機械学習のソフトウェアライブラリで最初にできたのが、ＵＣバークレーという最先端の大学が開発したＣ＋＋ベースのＣａｆｆｅです。これもオープンソースですから無料で使えます。

プリファードネットワークスという、日本ではディープラーニンで一番進んでいる会社が開発した無料で使えるソフトウェアライブラリがＣｈａｉｎｅｒです。他にはＴｅｎｓｏｒＦｌｏｗ上で実行可能な高水準のニューラルネットワークライブラリであるＫｅｒａｓや、ロナン・コロバート氏が中心となって開発した機械学習ライブラリのＴｏｒｃｈ7などいくつかあるのですがこれを全部やるわけではなく、学んでいただくのはＴｅｎｓｏｒＦｌｏｗ（テンソルフロー）やＣｈａｉｎｅｒなどです。こういったことを学べて、さらにデータを解析できるデータサイエンティストになるための必要な要素もレクチャーするという講座をやっていきたいと思っています。１回7時間で全21時間ですから、受講日は金、土、日や土、日、月などを考えています。ディープラーニングの主な手法として、ＣＮＮ系とＲＮＮ系、オートエンコーダ系という3種類があります。

・CNN系（Convolutional Neural Network、畳み込みニューラルネットワーク）
ー画像認識でデファクト。視覚に該当します。
ー教師あり学習。

「教師あり学習」とは、問題と解答がセットになって学習する方法です。例えば、猫の画像に「分類は猫である」という正解を付けたデータを分析させます。これを「ラベル付きデータ」（正解付きのデータ）と言います。正解は猫だと分かっているので、コンピュータは分析した特徴量が猫の特徴であることを学習し、膨大なデータにより大量に学習することで猫に分類すべき特徴量が蓄積され、精度が上がっていきます。これがニューラルネットワークの学習法の1つであり、学習するためには膨大なビッグデータが必要になる理由です。

ー畳み込みというのとプーリングというのを相互に繰り返します。

ー「Alpha Go（アルファ碁）」は、CNN＋強化学習＋探索。ディープラーニングを使ったロボットも、CNN＋強化学習。

「強化学習」とは、ある環境に置かれたエージェントが、試行を繰り返し、状態を観測することで最適な行動を得るための手法です。教師あり学習に似ていますが、教師による明確な答えは提示されません。その代わりに、行動の選択肢と報酬（期待値）を提示します。強化学習においての報酬は、あくまでも見込みであり期待値なので、確定しているものではありません。環境を観測し行動することで、環境が変化し変化による報酬が発生します。

・RNN系（Recurrent Neural Network、リカレントニューラルネットワーク）

ー時系列のデータが処理できます。映像のデータ、言語のデータなどの処理に使えます。

ー教師あり学習。

ーLSTM（Long Short Term Memory・長期短期記憶）というのが主流です。

ーマイクロソフトが開発した機械学習ＡＩ「Ｔａｙ」等の技術はＬＳＴＭで行われています。

・オートエンコーダ系

ー「分類」だけではなく「生成」ができます。

ー教師なし学習。

「教師なし学習」とは、正解不正解のデータが入っていない、クラスタリングや外れ値検出で傾向をつかむ学習方法です。クラスタリングとは、与えられたデータに対して似たようなものをまとめる処理で、同じグループ内のデータは相互に似ていて、別のグループのデータは相互に似ていないようにデータを分割することです。教師なし学習は、正解がない予測や分析、解析等の分野で使われたり、膨大なデータの中からコンピュータ自身に何かを発見させたり、膨大な訓練データを繰り返して学習させたりする際などに用いられます。

ー変分オートエンコーダ（ＶＡＥ）、生成敵対的ネットワーク（ＧＡＮ）というのが主流です。

ーレンブラント風の絵を描いたり、言葉から画像を生成したりするのはこちらになります。

おそらく今後最も発展するのではないかと考えられています。

こちらはかなり難しいですが、ディープラーニングの手法には、今はＣＮＮ系、ＲＮＮ系、オートエンコーダ系の３つの系統があるということを覚えておいてください。またＡＩのエンジニアが揃ってきたら人材派遣もしたいと考えています。企業側での需要が急激に増えているにも関わらず、人材は圧倒的に不足しています。アプリやゲームの１人工が月額40万円から80万円ぐらいなのに対し、今ディープラーニングのエンジニアの１人工は最低でも月額１００万円ぐらいと言われています。月額数百万円出しても欲しいという企業も多いのですが、人材不足のためマッチングできていないのが現状です。

ＡＩのエンジニアだけを集めたコワーキングスペースやインキュベーションオフィスもできたらいいなと思っています。不動産会社の方とのＪＶも考えていますので、興味がある方がいましたらご連絡ください。日本のために是非一緒にやりましょう。

ＡＩ×ＩｏＴの企画開発

ＩｏＴとは「Internet of Things」の略で、日本語では一般的に「モノのインターネット」と呼ばれています。あらゆるものとインターネットを結びつける技術で、これにより色々と便利でユニークなものができ上がります。そして、ＡＩの技術が加わることで、さらに格段の進化を成し遂げます。

例えば冷蔵庫ですが、ＡＩ×ＩｏＴで展開した場合、その中にある食品をディープラーニングにより認識し、それらの食材で作ることができる料理のレシピを知らせてくれたりします。

また、目覚まし時計をＡＩ×ＩｏＴで展開した場合について考えてみましょう。例えば、朝早い飛行機に乗るために目覚まし時計をかけて寝たとします。ところが何かのトラブルで、飛行機のフライトが2時間遅れることになった場合、目覚まし時計がインターネットから情報を受け取り、「あと2時間寝ていても大丈夫ですよ」と、音声で教えてくれます。ＡＩ×ＩｏＴで実現する、こんな夢のような目覚まし時計が開発できたらいかがでしょうか。

ＡＩ×ＩｏＴでは、「定点観測」も行えるようになります。定点観測とは、同じ場所（定点）から継続的にある一定の視点をもって観察し、以前のものと比較してその差異を分析することです。お店のプロモーションの場合、お店の前にセンサー付きのカメラを設置して、人のアクセスの動向などを定期的に計測することができます。画像認識の技術を使った新しい定点観測の手法により、チラシやティッシュを配布した効果を人の流れとして、リアルに数値化できるようになります。

ここでＡｍａｚｏｎの展開例もご紹介しましょう。人工知能を駆使したレジ決済不要の無人コンビニ「Ａｍａｚｏｎ　Ｇｏ（アマゾン・ゴー）」が２０１７年にスタートします。顧客が専用のアプリを用いて入店すれば、購入した商品をカメラやセンサーなどの情報から人工知能が認識し、決済する仕組みになっています。自分のカバンに商品を入れるだけで、自動的に課金され、商品を棚に戻せば課金はキャンセルされます。使われているテクノロジーは、画像解析・機械学習・ディープラーニング・センサリング技術になります。またＡｍａｚｏｎが販売するスピーカー型の音声アシスタント端末「Ａｍａｚｏｎ Ｅｃｈｏ」などに搭載されている音声認識プラットフォーム「Ａｌｅｘａ（アレクサ）」は、世界のＩｏＴを席巻し、音声認識サービスの覇者となりつつあります。２０１６年の１２月にサービス開始された「Ａｍａｚｏｎ Ｄａｓｈ Ｂｕｔｔｏｎ（アマゾンダッシュボタン）」は、Ｗｉ－Ｆｉ接続機能と２つのボタンを搭載した小さなＩｏＴ機器で、ボタンを押すだけで自宅のＷｉ－Ｆｉを経由してＡｍａｚｏｎのサーバーに事前に設定した商品を注文でき、最短で当日に商品が自宅に届きます。人工知能の認識能力とＩｏＴ技術の合体は、これからも信じられないようなことを実現していくでしょう。

また、先日「ヘルシオ」というシャープの電子レンジを買いました。これも人工知能搭載なのですが、音声対話で献立選びを手助けする仕組みで、例えば魚料理が続くと「たまには肉料理もいかがですか」と言ってくれます。

人工知能の今後

前にもお話ししましたように、今のＡＩは１つのことしかできない専用人工知能です。これが今後、人間の知能を超える汎用人工知能（ＡＧＩ・Artificial General Intelligence）に変わっていくわけです。それがいつぐらいなのかというと、２０２９年と予想されています。10年余り先ですが、長いようであっという間です。

これがシンギュラリティの前段階で、プレ・シンギュラリティ（前特異点・社会的特異点）と言われています。

汎用人工知能が完成すれば、もう毎日のようにもの凄い発明や歴史的な発見が行われると推測されます。おそらく癌をはじめあらゆる病気も治るようになりますし、衣食住が最終的にはフリーになるでしょう。例えば食料で言えば、齊藤元章氏が書かれた『エクサスケールの衝撃（ＰＨＰ研究所）』という書籍には、プレ・シンギュラリティ（前特異点・社会的特異点）の到来により、植物工場や人工光合成ができ、食がフリーになる」というようなことが書かれています。

貨幣もなくなると言われていますし、色々な社会構造や産業構造の全てが変わると予測されています。人間の知性に匹敵するＡＩができるということで何もかもが一変してしまうのです。パラリンピックの記録がオリンピックの記録を超えるかもしれません。

さらに２０４５年に、本格的なシンギュラリティ（技術的特異点）が起こると、超人工知能（ＡＳＩ・Artificial Super Intelligence）によりたった１つのＡＩが全人類の知性を超えると予測されています。今から30年弱経った頃には、世界の人口が大体１００億人以上になっていると思いますが、全人類１００億人の知性をたった１つのＡＩが超えるというわけです。

ソフトバンクの孫社長は「ＩＱで言うと1万以上のＡＩが出てくる」というふうに言われていますが、人間はＩＱが２００の人というと天才と言われます。もうそんなレベルではないわけです。３００とか４００とかではなく、１万というケタ外れのレベルですから、もう何もかも人間がかなうわけがなくなります。

「強い人工知能」か「弱い人工知能」か

アメリカの哲学者であるジョン・サールが作った用語で、「強い人工知能」と「弱い人工知能」という言い方があります。あたかも人間のような自意識を備えている全能の人工知能を「強い人工知能」、人間のような自意識を備えていない人工知能を「弱い人工知能」と言います。

今の主流はどちらかと言いますと、「弱い人工知能」を目指している企業やチームが多いようです。よく「ロボットが人工知能が心を持ったらどうなるか」というような話がありますが、脳の研究は日々進んでいるとはいえ解明されていないことの方が多いのが現状です。何百年かけて研究し、どの領域がどの能力や感覚などに対応しているかなどが、少しずつ分かってきているに過ぎません。人間の脳が全て解明されない限り、「強い人工知能」というのは作りようがないのです。

そもそもロボットや人工知能に、心や意識などは必要ないと思います。それよりも「知性という点で人間に匹敵するようなものを作ったほうが良い」と考える人が多いのです。ＡＩではなく、「ＩＡ」と主張する人がいるのですが、これは「Intelligence Amplifier」の略です。要は知能増幅ということです。人間の知能を実現するのがＡＩ（Artificial intelligence・人工知能）で、人間を助けその知性を増幅するのがＩＡ（Intelligence Amplifier・知能増幅）になります。ＡＩ派とＩＡ派は、人工知能の分野で長年続いてきた論争です。どちらにしても、前にもお話ししましたが、ターミネーターのようなことは起こらないと思います。

次世代型ＡＩシステムが、今どういう感じで進んでいるかと言いますと、Ａｐｐｌｅの音声アシスタント機能「Ｓｉｒｉ」の誕生に関わったメンバーにより、新しい音声認識システム「Ｖｉｖ」が開発されています。「Ｖｉｖ」は、「複合的な質問を理解する」「文脈を理解した上で返答する」「多くのアプリを実行可能」など、「Ｓｉｒｉ」を遥かに超えるＡＩを備えています。「Ｓｉｒｉ」は1つのアプリとして動作しますが、「Ｖｉｖ」はデベロッパーが作成したアプリに組み込めるような仕組みを目指していることから、開発の思想が大きく違います。サムスンが「Ｖｉｖ」を買収しましたが、独立した会社として運営を続け、サムスンと自分たちのプラットフォームにサービスを提供していく予定です。今後は、複合的な会話にも答えられるようなＡＩのチャットボットとしても大きな期待が寄せられています。

ここで少し趣向を変えて、おすすめ映画を2本ご紹介しましょう。

ＡＩに興味があるのであれば、『エクス・マキナ』という２０１５年に公開された映画をぜひ見てください。今はＤＶＤも出ています。これは第88回アカデミー賞視覚効果賞を受賞した作品で、アレックス・ガーランド監督・脚本によるイギリスのSFスリラー映画です。最新技術だけではなく、人工知能や検索エンジンによる個人情報の収集や利用などの新たな視点を与え、チューリングテスト（イギリスの数学者アラン・チューリングが考案した、ある機械が人工知能かどうかを判定するテスト）なども如実に表現されています。ある人物がAI搭載のロボットを開発したという設定なのですが、世界最大の検索エンジン、つまりGoogleを皮肉っているのも見ものです。

また、2013年に公開されたアメリカのSF恋愛映画で、『her／世界でひとつの彼女』というのもAIに興味がある方にはおすすめです。こちらはロボットではなく、コミュニケーションができるAIを題材にし、第86回アカデミー賞脚本賞を受賞しています。そのAIに主人公が恋をしていくというストーリーです。

2つの「ふろう」と2つの「そうぞう」

プレ・シンギュラリティが起これば2つの「ふろう」が実現します。

１つ目の「ふろう」は「不労」です。前にもお話ししましたが、プレ・シンギュラリティが起これば、人工知能が多くの仕事を代替するようになりますし、前述のベーシックインカム制度が導入されれば働かずにすむようになります。

２つ目の「ふろう」は「不老」になります。次項で説明しますＡＩエンジンが搭載されたスーパーコンピュータが完成すれば、病状の解析や最善の治療法が分かるようになります。また癌をはじめ様々な病気が治るようにもなります。

余談ですが、前にお話ししました「収穫加速の法則」を提唱されているレイ・カーツワイル氏は今69歳で、シンギュラリティが起こるとされる２０４５年には97歳になられるわけですが、どうしても「不老」の時代を体験したいということで、長生きするために1日２００錠ものサプリメントを摂取したり、毎日のように栄養注射を打ったりするなど、寿命延長への野心を抱いています。

次に、「2つのそうぞう」に話を移しましょう。

それは、①「創造（Creation）」と②「想像（Imagination）」になります。繰り返しになりますが、プレ・シンギュラリティが起これば、多くの仕事を人工知能が行うようになります。しかし、いくら人工知能でもできないことが「２つのそうぞう」なのです。

創造力と想像力をかきたてることで、プレ・シンギュラリティの時代を「シン」人類として生きていくことができます。ちなみに2016年に公開された『シン・ゴジラ』の「シン」もシンギュラリティからきているとも言われています。

スムーズに「シン」世界へ移行するために、是非あなたも「2つのそうぞう力」をパワーアップしてください。

スーパーコンピュータの現在

AIを語る上で、そのハードウェアであるスーパーコンピュータの存在は非常に重要な意味を持ちます。

第4次産業革命がますます進化する中で、重要な要素が色々ありますが、一番ベースになる大本命はやはりAIです。

ITブームの時にも、3Dやオンデマンドなど色々なものがありましたが、最終的にインターネットが一番中心になったように、プレ・シンギュラリティの後に起こる

〝新産業革命〟は、ＡＩが全てベースになることは間違いありません。それを生かす大きな部分は、スーパーコンピュータと言われるハードウェアになります。これをどこの国が完成させるかで、今後のパワーバランスが全然違ってきます。

今Ａｐｐｌｅが、なぜ時価総額で世界1位かと言いますと、ｉＰｈｏｎｅというハードウェアとｉＯＳというソフトウェアの両方を押さえているからにほかなりません。繰り返しますが、ＡＩのハードウェアの肝はスーパーコンピュータです。では、ＡＩのソフトウェアは何かというとＡＩエンジンということになります。さて、スーパーコンピュータは今どうなっているのでしょうか。ニュースでも流れますが、毎年6月と11月にスーパーコンピュータの精度を競うＴＯＰ５００とＧｒｅｅｎ５００というランキングがあります。

日本のスーパーコンピュータである「京」が世界1位だったのはとうの昔、もう6年も前の話です。その当時、民主党が政権与党でした。事業仕分けで有名な蓮舫さんが、次世代スーパーコンピュータの研究開発予算に対して、「世界一になる理由は何があるんでしょうか。2位じゃダメなんでしょうか」という有名な発言がありました。

今から思えば、「2位ではダメなんですよ、1位でなくては」ということになります。

スーパーコンピュータの計算速度や処理速度を競うTOP500の2016年11月の日本の順位は、残念ながら富士通の「Oakforest—PACS」が6位、理化学研究所の「京」が7位です。では1位は、アメリカ製と思われる人もいると思いますが、「神威・太湖之光（サンウェイ・タイフーライト）」という中国製のスーパーコンピュータです。2位も「天河2号」という中国製です。「天河2号」は実は2013年6月から2015年11月まで3年連続、つまり6回連続1位でしたが、それほど大きなニュースになりませんでした。なぜかと言いますと、「天河2号」は、アメリカのメーカーであるIntelのCPUやNVIDIAのGPUを使用していたからです。ところが、2016年6月のTOP500で1位に輝いた「神威・太湖之光（サンウェイ・タイフーライト）」は、純中国産100%のスーパーコンピュータでした。プロセッサー（演算処理装置）も自主開発した「純中国製」だったので、世界的な大ニュースになったのです。2016年11月のTOP500でも、「神威・太湖之光（サンウェイ・タイフーライト）」が2回連続で1位を獲得しました。

スーパーコンピュータを制するものが世界を制す

今、国の力はＧＤＰや軍事力と共に、スーパーコンピュータの数も重要になっています。「スーパーコンピュータを制するものが世界を制す」という状況になりつつあるわけです。その理由は追々説明していくとしまして、現在のスーパーコンピュータがどのような規模になっているのかをまずはお話しします。

コンピュータの処理能力を表す単位をフロップス（FLOPS）と言います。今、私たちになじみがあるのはギガ（Giga・10の９乗）です。ギガの１０００倍というのがテラ（Tera・10の12乗）です。テラの１０００倍がペタ（Peta・10の15乗）です。ペタの１０００倍がエクサ（Exa・10の18乗）です。エクサの１０００倍がゼッタ（Zetta・10の21乗）、その１０００倍がヨッタ（Yotta・10の24乗）という単位になります。エクサはテラからすると１００万倍になりますが、これが次のスーパーコンピュータの単位になります。

現在のスーパーコンピュータはペタの単位のレベルでペタフロップス（PFLOPS・

1秒間に1000兆回の計算可能）と言い、次世代のものはエクサのレベルになります。今どこの国も、エクサレベルのスーパーコンピュータを総力あげて開発中です。

その競争でトップを走るのが中国ですが、2019年までに3台作ろうとしています。3台全て成功は難しいだろうと言われていますが、そのうちの1台は成功するのではないかと予想されています。

このエクサスケールのスーパーコンピュータが成功すると、ハッキングができるようになります。軍事だけではなく、電気、ガス、水道、交通機関などのライフラインも全てハッキングできるのです。ある試算によりますと、恐い話ですが、アメリカがハッキングされた場合、1カ月で90％の方が亡くなるそうです。

これ以上の単位、先ほどお話ししました次々世代、次々々世代のゼッタやヨッタというレベルのスーパーコンピュータは複雑過ぎて人間ではもう開発できません。つまり、エクサのスーパーコンピュータを開発した国が、次の世代のスーパーコンピュータを開発できるわけです。そのレベルに一番近づいているのが中国なのです。

中国がスーパーコンピュータにかけている開発費の予算は年間6000億円程で、2017年から2019年までの3年間で1兆8000億円の予算を組んでいると言われています。これは、日本の予算の数十倍に当たります。さらに優秀な人材を抜擢していますので、開発体制は世界でも群を抜いています。今後、中国がそのエクサのスーパーコンピュータを完成させてしまうと、残念ながらオープンソースという形では、どこの国にも開放しないでしょう。アメリカや日本ですと、「これは皆さん使ってください」ということになりますが、中国が開放する可能性は極めて低いと思われます。

エクサスケールのスーパーコンピュータが完成すると

エクサスケールのスーパーコンピュータになると、繰り返しますが、軍事兵器にも全部ハッキングすることができるようになります。つまり、アメリカや他国のミサイル、核兵器に対してハッキングできるわけです。そしてその国の中にミサイル、核兵器などを落とすことができます。例えばアメリカが自国で核兵器を発射したとするなら、ハッキングしてアメリカの中で爆発させることが可能になります。

ハッキングするために、コンピュータ・ウイルスをどのようにして対象施設や対象の兵器に感染させるかと言いますと、スパイなどの人的な導入方法に頼る必要がなく

なると考えられています。AIによる自動操縦も可能な超小型のクワッド・コプター

が、ナノテクノロジーを活用して蚊ほどの大きさになれば、いくらでもコンピュータ・

ウイルスを運ばせることが可能となるわけです。コンピュータやネットワーク機器を

使う以上、空気の流入流出経路は必ずあります。ネットワークの端子や基板上の部品

から電気信号をやり取りする方法を全て排除することはできませんので、今後開発さ

れる超小型のクワッド・コプターによるコンピュータ・ウイルスの感染は防ぎようが

ありません。

　すでに作られている核兵器や大量破壊兵器は、本来は他国を攻撃する目的で配備さ

れたものですが、コンピュータ・ウイルスの感染後には一転して自国で爆発を起こし

たり、自国を標的とした広範囲を汚染したりする恐ろしい兵器になってしまいます。

次世代のスーパーコンピュータの完成を境に、配備された核兵器や大量破壊兵器の数

が、自国民に破壊と破滅をもたらす危険度の大きさに正比例してしまうことになって

しまう可能性が非常に高いのです。持っていない日本は本当にラッキーですが、核兵

器を持っていること自体が確実にリスクになる時代が必ず来ます。

　それぐらいエクサスケールのスーパーコンピュータ開発は、本当にインパクトの

あるニュースなのですが、２０１８年には中国１国のスーパーコンピュータの数が、日本とアメリカとヨーロッパを合わせたスーパーコンピュータの数を抜きます。２０１９年には、中国１国のスーパーコンピュータの数が、中国以外の世界中のスーパーコンピュータの数を抜くと予測されています。私も間違いなくそうなると思います。２０１９年にエクサスケールのスーパーコンピュータが１台でも完成してしまうと、そこから先はもうもの凄く早いですから、ＡＩも結局は中国がハードウェアの部分では軍事も含めて牛耳るのではと言われています。

ただ1つだけ日本にも救いがあります。先ほどお話ししましたＴＯＰ５００というのはスーパーコンピュータの計算速度や処理速度を競うものですが、省エネルギーの効率を競うＧｒｅｅｎ５００の２０１６年11月の順位は、１位がアメリカ製、３位が日本製です。１位がＮＶＩＤＩＡ社の「ＤＧＸ ＳＡＴＵＲＮＶ」というスーパーコンピュータです。３位が理化学研究所とＰＥＺＹ Ｃｏｍｐｕｔｉｎｇ（ペジーコンピューティング）、ＥｘａＳｃａｌｅｒ（エクサスケーラー）が、共同で設置した「Ｓｈｏｕｂｕ（菖蒲）」という液浸冷却スーパーコンピュータです。２０１６年６月の

ＴＯＰ５００で１位を獲得した「神威・太湖之光（タイフーライト）」は、Ｇｒｅｅｎ５００でも４位と上位につけています。またＰＥＺＹ Ｃｏｍｐｕｔｉｎｇは、ＴＯＰ５００でも１位を狙える小型のスーパーコンピュータを２０１９年までの完成を目標に開発中です。専門家の間では、中国が先かＰＥＺＹ Ｃｏｍｐｕｔｉｎｇが先かと言われています。

私は国会議員の方の集まりにも呼ばれて行くことがありますが、皆さん本気です。「エクサスケールのスーパーコンピュータを他国よりも先に開発しなくては」というような危機感がひしひしと伝わってきます。「日本も本来であれば、東京オリンピックに予算を２兆円、３兆円かけるよりも、スーパーコンピュータに費やしたほうが良い」ということを本気で言う人までいます。

世界と戦うPEZY Computing

先ほどご紹介した日本のＰＥＺＹ Ｃｏｍｐｕｔｉｎｇという会社が、エクサという次世代のスーパーコンピュータを２０１９年までに作り、また汎用人工知能を

２０２０年代に完成させると言っています。

この会社が凄いのは、わずか10名の精鋭部隊による効率的で小さな開発チームが、スーパーコンピュータをたった7カ月で完成させ、２０１４年11月のＧｒｅｅｎ５００に申請して世界第2位になり、翌年２０１５年6月には世界第1位から第3位までを独占したことです。その時のやり方は、前にもお話ししましたスカンクワークス型という少数精鋭のチームで成し遂げたということです。売上も利益もまだ小さな会社ですが、そのスケールは大きく、企業価値で言えば１００兆円以上ある会社だと思います。世界でも稀に見る価値のある会社だと個人的には考えています。

また、この会社はさらに凄いところがあります。スーパーコンピュータを開発すると同時に、Ｄｅｅｐ Ｉｎｓｉｇｈｔｓ（ディープインサイツ）という会社も作って、こちらではＡＩエンジンも開発しているところです。簡単に言いますと、人工知能のハードウェアとソフトウェアの両方で凄くポテンシャルが高い会社なのです。社長は、齊藤元章氏という方です。この方は超天才で、私が思うにはソフトバンクの孫社長と並ぶぐらい、今現在の日本の宝だと思います。

齊藤元章が計画している今後のタイムテーブルをご紹介しておきます。

２０１７年：１８０ペタフロップス（ＰＦＬＯＰＳ）の齊藤スパコン完成、人間小脳の実時間シミュレーション
２０１８年：１０００倍高速なノイマン型齊藤ＡＩエンジン提供開始
２０１９年：１エクサフロップス（ＥＦＬＯＰＳ）の齊藤スパコン完成、人間大脳のシミュレーション
２０２５年：齊藤ＮＳＰＵ（Neuro-Synaptic Processing Unit・神経シナプス処理装置）完成　１０００億コア、１００兆インターコネクト
２０２５年：自然言語処理完成
２０２９年：汎用人工知能（ＡＧＩ）完成
※１０００倍高速なＡＩエンジン（仮説の立案）と１０００倍高速な次世代スパコン（仮説の検証）の開発により、最強の科学技術基盤を確立し、人智を超えた着想の汎用人工知能（ＡＧＩ）を完成

どれもかなり凄いですが、「２０２９年：汎用人工知能（ＡＧＩ）完成」が、ひと際光っています。

おわりに

私たちが目指しているＡＩ×ＶＲの世界観

私の会社で今考えているＡＩ×ＶＲの世界観についてお話しします。現在、ＶＲのゲームやコンテンツですとそのキャラクターとコミュニケーションが取れません。そこでＡＩの会話エンジンを組み込んで、コミュニケーションできるようなインターネット空間上のＡＩ×ＶＲシステムを開発したいと思っています。

私の会社の場合は、ハードウェアではなく、そのソフトウェアベースのシステムの開発を目指しています。自分で会話エンジンを開発しようとすると時間も労力もかなりかかりますから、そちらはチャットボットや会話エンジンの会社と一緒にできないかなと検討している段階です。

ＶＲに関しては、登録商標も数多く取得しており、今「ＶＲマーケット」（登録商標取得済み）というイベントを開催しています。「ＶＲマーケット」とは、ＶＲ開発者と一般企業、一般の人とのマッチングイベントです。ＶＲクリエイターと一般の人を繋ぐ「ＶＲストア」（登録商標取得済み）みたいなことも考えています。簡単に言いますと、オンラインで自分が作ったＶＲのゲームやアプリ、コンテンツを販売できる場所を作ろうとしています。

また、「ＶＲつくーる」（登録商標取得済み）というのを企画しています。一般の人が、ＵｎｉｔｙやＵｎｒｅａｌ Ｅｎｇｉｎｅなどを使い、ＶＲのコンテンツを作るのはまだまだ難しいと思うからです。将来的には気軽に簡単に作れるというシステムを作りたいと思っています。

インターネットができた時に、ホームページを作るもとになるＨＴＭＬをほとんどの人は書けませんでした。つまり、ホームページをなかなか作ることができませんでした。その当時、オン・ザ・エッヂ時代の堀江貴文氏は自分でホームページを作ることができました。その頃は、今では考えられませんが、大企業のホームページ１つ作ると２０００～３０００万円の利益が出ました。なぜ、堀江貴文氏の会社が伸びたかと言いますと、その大企業のクライアントの中にエイベックスがあったのですが、音楽関連の会社ですから彼は凄くおしゃれなホームページを作りました。それがすごく好評で、他の大企業からももの凄く注目されたのです。

その時、ホームページを作ることができれば稼げると多くの人が考えました。

しかし、インターネットの場合、当時ウェブデザイナーという仕事はありませんでした。いわゆるウェブのグラフィックデザイナーという人がいなかったわけですが、グラフィックデザイナーの人でも簡単にホームページが作れればということで、ドリームウイーバーというソフトが出ました。それでもＨＴＭＬが分からないと、やはりなかなか使いこなせません。そこで「ＨＴＭＬは分からなくてもホームページが作れます」というホームページビルダーというソフトができました。

そのインターネットのホームページビルダーみたいなソフトがＶＲにもあればと思い、企画しています。

私たちはＡＩ×ＶＲに限りない夢を乗せて、様々な活動を展開しています。何か一緒にやりたいという方がおられれば、是非お声掛けをしていただければと思います。

ＡＩに関しては、前述しましたように、ディープラーニングのエンジニアを養成する講座をこれからやっていきたいと考えています。また、ＡＩのエンジニアのコミュニティを作りたいと思っています。ＡＩのエンジニアだけが使えたり参加できたりするコワーキングスペースというのも企画しています。不動産会社の方などで、スペースがお持ちの方がおられましたら、是非ご一緒できればと思います。

追伸

最後までお読みいただき心より感謝申し上げます。

本当にありがとうございました。

本書で書いたことは、あなたのビジネスや会社で必ず関係することがあると思いますので、何か「こういうものがあるんですけど」というようなことがあれば、気軽にお声掛けいただければ幸いです。

「こんなことを相談したら笑われるかな」

そんなことを思う必要は全くありません。

私の名前をＦａｃｅｂｏｏｋで検索していただければ出ますので、リクエストを送っていただければ、人数の上限以内でしたら承認させていただきます。また、私に講演会をご要望の企業様や団体様などがおられましたら、お気軽にお問い合わせください。

今、おかげさまで私の年収は5億円を超えていますが、全然安泰ではないと思っています。なぜかと言いますと、あと10年ぐらいするとかつて人類が経験したことのない大きなパラダイムシフトが起こり、産業構造全体が一気に変わるからです。今どんなに利益が出ている企業や儲かっている人でも、この流れについていかなければ未来はないと本気で思っています。20歳の東大生にもすごく丁寧にお話ししています。この人たちはＦａｃｅｂｏｏｋのマーク・ザッカーバーグ氏のようになる可能性がある、日本の未来の宝です。

私は投資家としても活動しており、アメリカのクラウドファンディングを使った資金調達のスキームもありますので、秀逸なプロダクト、コンテンツをお持ちの方は是非ご連絡いただければと思います。また、ＡＩ×ＶＲのコミュニティをＤＭＭオンラインサロンで開設する予定です。ＡＩ×ＶＲに興味がある方、ＡＩのエンジニアの方、ＶＲのクリエイターの方、ＡＩ×ＶＲで起業したいと思っている方、ＡＩ×ＶＲで新規事業をしたいと思っている方、ＡＩ×ＶＲを活かして自分のビジネスを発展させたい方など、日本でテクノロジー×イノベーション×ビジネスを実現させたい方は是非ご参加ください。お待ちしております。

この原稿を書いている途中で嬉しいニュースが飛び込んできました。知り合いの羽生雄毅さんが、毎年夏に開催される世界最高峰の「シンギュラリティ大学」の起業家プログラム「グローバル・ソリューション・プログラム（ＧＳＰ）に、日本人初の参加者として決定しました。

おめでとうございます。

「シンギュラリティ大学」は、本書でも度々ご紹介した、人工知能の世界的権威であるレイ・カーツワイル氏と、Ｘプライズ財団ＣＥＯのピーター・ディアマンティス氏が共同創設し、世界的に著名な科学者や経営者が教授陣として名を連ねる未来志向のイノベーター育成機関です。

アメリカのシリコンバレーＮＡＳＡ敷地内にあり、若手研究者・起業家だけでなく、大企業幹部、投資家向けの様々なプログラムを通じて、エクスポネンシャルテクノロジー（指数関数的に進化するテクノロジー）を駆使したビジネスを創出し、グランドチャレンジ（地球規模の重大課題）を解決することを目指しています。「シンギュラリティ大学」で事業化を進めるメリットは、先端テクノロジー分野の権威へのアクセスが非常に簡単であり、知識や情報ネットワークを獲得し、資金調達しやすい環境が整っていることにより、圧倒的なスピードで事業化を実現できることです。羽生さん、世界を変える日本発のイノベーションを是非起こしてください！　期待しています。

最後になりましたが、このような出版の場を設けていただきました株式会社マルジュ社様、ご協力いただいた天野佑哉様、うららはるか様に、心より御礼申し上げます。ありがとうございました。

２０１７年４月吉日

雑賀　美明

【参考文献】

『エクサスケールの衝撃』（齊藤元章、ＰＨＰ研究所）
『シンギュラリティは近い―人類が生命を超越するとき』（レイ・カーツワイル、ＮＨＫ出版）
『〈インターネット〉の次に来るもの―未来を決める12の法則』（ケヴィン・ケリー、ＮＨＫ出版）
『シンギュラリティ―人工知能から超知能へ』（マレー・シャナハン、ＮＴＴ出版）
『人工知能は人間を超えるか―ディープラーニングの先にあるもの』（松尾豊、角川ＥＰＵＢ選書）
『ビッグデータと人工知能―可能性と罠を見極める』（西垣通、中公新書）
『コネクトーム―脳の配線はどのように『わたし』をつくり出すのか』（セバスチャン・スン、草思社）
『人類を超えるＡＩは日本から生まれる』（松田卓也、廣済堂新書）
『よくわかる人工知能―最先端の人だけが知っているディープラーニングのひみつ』（清水亮、ＫＡＤＯＫＡＷＡ）
『人工知能と経済の未来―２０３０年雇用大崩壊』（井上智洋、文春新書）
『人工知能が金融を支配する日』（櫻井豊、東洋経済新報社）
『知の進化論―百科全書・グーグル・人工知能』（野口悠紀雄、朝日新書）

『２０２０未来開拓部会』（産業構造審議会、経済産業省）
『ビジネスモデル２０２５』（長沼博之、ソシム）
『この１冊でまるごとわかる人工知能＆ＩｏＴビジネス』（日経ビッグデータ特別編集版、日経ＢＰムック）
『未来に先回りする思考法』（佐藤航陽、ディスカヴァー・トゥエンティワン）
『ＶＲビジネスの衝撃ー「仮想世界」が巨大マネーを生む』（新清士、ＮＨＫ出版新書）
『イーロン・マスク―未来を創る男』（アシュリー・バンス、講談社）
『理系に学ぶ。』（川村元気、ダイヤモンド社）
『鈴木さんにも分かるネットの未来』（川上量生、岩波新書）
『「０から１」の発想術』（大前研一、小学館）
『ＦｉｎＴｅｃｈ―フィンテック』（柏木亮二、日経文庫）

雑賀　美明　連絡先：saiga@arsystem.co.jp

人工知能×仮想現実の衝撃
〜第４次産業革命からシンギュラリティまで〜

2017 年 4 月 20 日初版発行

著　者◆雑賀　美明
発　売◆株式会社マルジュ社
〒116-0014　東京都荒川区東日暮里 6－55－2　三洋ハイツ 303 号
TEL03-6806-7667　FAX03-6806-7667
印刷所◆モリモト印刷
※定価はカバーに表示してあります。

ISBN978-4-89616-155-7 C0095